LES ISABELLE

LES
ISABELLE

Jeanne la Bertranella | Don Carlos
Prise de Grenade | Guerre du Maroc

XVᵉ & XIXᵉ SIÈCLE

PAR

Victor MAGE

AVOCAT A LA COUR IMPÉRIALE DE PARIS

CLERMONT-FERRAND

IMPRIMERIE DE PAUL HUBLER, LIBRAIRE

1861

LES
ISABELLE

<table>
<tr><td>Jeanne la Bertranelia
Prise de Grenade</td><td>Don Carlos
Guerre du Maroc</td></tr>
</table>

XVᵉ & XIXᵉ SIÈCLE

PAR

Victor MAGE
AVOCAT A LA COUR IMPÉRIALE DE PARIS

CLERMONT-FERRAND

IMPRIMERIE DE PAUL HUBLER, LIBRAIRE

1861

A S. M. la Reine d'Espagne.

LES

ISABELLE

—

ISABELLE I^{RE}

—

Il est beau, lorsque la tempête mugissante fait monter les flots jusqu'aux cieux, pour laisser entrevoir après des abîmes insondables, de suivre du regard un bois fragile sur l'immensité des mers, voguant vers un point déterminé, sous l'impulsion d'une volonté humaine. Il est encore plus admirable de voir des millions d'hommes de conditions différentes, d'opinions et d'intérêts divers, marcher au milieu des révolutions, par la voie du progrès, vers le but inconnu où les pousse la Providence, guidés par une main à la fois ferme et bienfaisante. Quand la main qui tient dignement les rênes est la main délicate d'un être naturellement tout gracieux mais tout frêle, d'une femme, c'est alors le plus étonnant spectacle qu'il soit donné de contempler. Ce spectacle, les temps modernes comme les temps anciens nous l'ont présenté; les temps actuels le produisent à nos yeux. Sans remonter au siècle presque fabuleux où Sémiramis faisait de Babylone la capitale de l'Orient et la merveille du monde, n'avons-nous pas vu, plus près de nous, la Sémiramis du Nord, Marguerite de Waldemar, poser elle-même à Calmar les trois couronnes de Norwége, de Suéde et de Danemark sur sa tête, faite pour une seule? Peut-on se rappeler sans admiration Isabelle de Castille, luttant contre toute sa famille pour réunir l'Espagne sous un même sceptre, et conduisant elle-même le siége de l'infidèle Grenade, pendant que ses lieutenants lui découvraient et lui conquéraient par-delà les mers de nouveaux mondes? N'avons-nous pas un autre exemple dans cette célèbre Elisabeth, chez laquelle la souveraine effaça peut-être trop souvent la femme, mais qui sut tenir tête à la puissance de Philippe II et à son invincible Armada, inaugurer la grandeur coloniale de l'Angleterre, lui donner l'empire des mers, rendre son parlement docile et son peuple idolâtre? Et Catherine II ne serait-elle pas la plus grande figure des temps modernes, si, poursuivant par de plus honnêtes voies la noble politique de Pierre-le-Grand, elle s'était contentée d'écraser le Turc et le Tartare, au lieu de vouloir assurer la prépondérance de la Russie par la destruction brutale et inique d'une nationalité respectable? Mais pourquoi jeter un regard d'envie sur le passé quand nous voyons sous nos yeux les destinées de deux grands peuples confiées aux mains des dignes héritières d'Elisabeth d'Angleterre et d'Isabelle de Castille?

Jeanne la Bertranella

Vers le milieu du quinzième siècle régnait en Castille le roi Henri IV. Son père avait laissé d'un second mariage une fille nommée Isabelle, née le 22 avril 1451, à Madrid. En mourant, il assigna à l'enfant de sa vieillesse l'antique cité de Cuelar, son territoire et une somme considérable, pour que la jeune infante pût tenir son rang. Elle avait seize ans à cette époque, et s'était alors retirée avec sa mère dans la petite ville d'Arévalo, où elle était restée, loin des voies flatteuses et corruptrices de la cour, à développer les grâces naturelles de son esprit. Sous l'œil maternel, elle s'était avancée dans les pratiques de la religion et avait pris dès l'enfance ces sentiments profonds de piété qui inspirèrent chacun des actes de son âge mûr. Cependant Henri IV paraissait n'être monté sur le trône que pour donner les plus détestables exemples à ses sujets. Laissant la conduite des affaires du royaume à un indigne favori, il ne s'occupait que de ses plaisirs. Bertrand do La Cueva gouvernait le Roi, la Reine, la Cour, toute la Castille. La Reine avait mis au monde une fille, dont le peuple décora le blason d'une barre de bâtardise, et qu'il désigna du nom significatif de Jeanne la Bertranella. Enfin, un beau jour, la noblesse de Castille, forte de la faiblesse du Roi et indignée de tant de scandales, leva l'étendard de la révolte et contraignit Henri IV à proclamer sa sœur Isabelle princesse des Asturies et héritière présomptive de la couronne.

Ceci se passait en 1468; mais les choses changèrent bientôt quand on sut que le prince héréditaire d'Aragon, Ferdinand-le-Catholique, recherchait en mariage la

princesse Isabelle. Dans la soirée du 15 octobre 1469,
il avait été reçu accompagné de quatre témoins par l'ar-
chevêque de Tolède, qui l'avait conduit auprès de sa
fiancée, dans le palais de Jean de Vivero, situé aux
portes de Valladolid. Le 19, le mariage avait été célébré
et enregistré à la chancellerie. Les noces furent honorées
de la présence du grand-père de Ferdinand, de l'amiral
de Castille et d'une multitude d'autres personnes de
tout rang, au nombre de plus de deux mille. Une bulle
du Pape accordait dispense aux conjoints, trop rappro-
chés par les liens du sang. La cérémonie achevée, une
ambassade de Ferdinand et d'Isabelle fit part du mariage
à Henri IV. Le Roi répondit froidement. Le caractère
d'Isabelle, la tenue irréprochable de sa cour, contrastait
étrangement avec la licence qui régnait à celle de son
frère, et justifiait le choix des Cortès en sa faveur. Le
pouvoir de cette assemblée représentative était immense
alors; car il est incontestable qu'elle avait le droit d'in-
terpréter les lois et de régler l'ordre de succession à la
couronne. Isabelle était d'un an plus âgée que son mari.
Sa taille s'élevait un peu au-dessus de la moyenne, sa
chevelure était d'une brillante couleur châtain clair.
Son doux œil bleu respirait l'intelligence et la sensi-
bilité. Elle était digne dans son maintien et modeste
jusqu'à la réserve. Le portrait d'elle, qui existe encore

au Palais-Royal, est remarquable pour la régularité des traits, la transparence du teint, la pureté des lignes, indice certain d'une sérénité naturelle, et de cette admirable harmonie des qualités intellectuelles et morales qui la distinguèrent surtout. Dans la retraite où s'était écoulée son enfance, elle avait enrichi son esprit de connaissances sérieuses et son cœur de qualités solides. Elle parlait la langue castillane avec plus que de l'élégance; elle était plus lettrée que Ferdinand, dont l'éducation, sous ce rapport, avait été totalement négligée. Cette peinture est peut-être un peu flatteuse, mais on ne peut obtenir un portrait d'Isabelle qui ne soit passionné. Les Espagnols, au souvenir de son glorieux règne, sont si amoureux de ses perfections, que toujours, en dépeignant sa personne, ils lui prêtent quelques-unes des couleurs exagérées du roman. Ferdinand était, du reste, bien digne d'elle. D'une haute stature, il avait pris de la force et de la souplesse dans les exercices militaires; son teint était bronzé par le soleil, son œil vif, sa voix insinuante, son esprit actif. Isabelle était, au témoignage des écrivains du temps, la plus belle personne de sa cour. Ferdinand passait pour le plus parfait cavalier de l'Aragon.

En 1474, Henri IV mourut. Cette mort faisait passer le souverain pouvoir entre les mains de sa sœur. Isabelle

témoigna le désir d'être publiquement couronnée avec
les solennités d'usage. En conséquence, le 13 décembre,
la noblesse, le clergé, les magistrats dans leurs robes
de cérémonie, se rendirent à l'Alcazar, où elle résidait,
la reçurent sous un dais de brocard, et lui firent
cortége à travers les principales rues de la ville jusqu'à
la grande place, où l'on avait élevé une tribune richement décorée pour l'accomplissement de la cérémonie.
Isabelle, revêtue des insignes royaux, montée sur un
genet d'Espagne, dont la bride était soutenue par deux
fonctionnaires civils, alla prendre possession de la couronne. Un officier de sa cour la précédait à cheval,
portant une épée nue, symbole de la souveraineté.
Elle s'assit sur le trône aux armes de Castille qui lui
avait été préparé. Un héraut fit entendre ces mots,
couverts par les applaudissements de la multitude :
« Castille, Castille, pour le roi don Ferdinand et son
épouse dona Isabelle, reine propriétaire des six royaumes ! » Les étendards furent alors déployés, pendant
que du château les joyeuses volées des cloches et les
salves répétées de l'artillerie annonçaient officiellement
l'avénement de la nouvelle reine. Ayant reçu l'hommage
de ses sujets et juré sur les Evangiles de maintenir in-
violables les libertés du royaume, elle descendit de son
trône, et, accompagnée par le même cortége, se rendit

à la cathédrale, où, après un *Te Deum* solennel, elle se prosterna devant les marches de l'autel, pour invoquer les lumières du Dieu de qui relèvent les empires. Malgré cette prise de possession publique de la souveraine puissance, l'ancien parti de la cour resta groupé autour de la Beltranella. Une guerre entre les deux prétendantes devint inévitable. Elle prit les proportions d'une guerre à la fois civile et étrangère. Les seigneurs des deux partis guerroyèrent; tout le royaume fut ensanglanté par ces luttes. Bientôt le roi de Portugal, Alphonse V, oncle et fiancé de la jeune princesse, passa la frontière avec une armée formidable, et traita la Castille en pays conquis. Enfin, après des alternatives de succès et de revers, les deux partis se rencontrèrent avec toutes leurs forces dans une bataille décisive, aux portes de la ville de Toro. Il y eut deux heures d'une lutte acharnée; puis la valeur des troupes castillanes finit par l'emporter sur la résistance des soldats du roi de Portugal. Le duc d'Alva, en tournant leur flanc, changea la retraite en déroute. Cherchant un refuge derrière les hautes murailles de Toro, ils furent précipités dans le fleuve ou périrent par l'épée, sur le pont où la cavalerie ennemie les avait refoulés. La nuit survint, assombrie par la pluie, et ne put sauver l'armée d'une entière destruction. Le prince Jean réussit avec beaucoup de peine, à la lueur des éclairs, à rallier quelques débris d'escadrons mutilés. Il se retira dans la place, en faisant tête aux vainqueurs. Le Roi, qu'on croyait mort, s'était lâchement sauvé avec trois ou quatre personnes de sa suite au château de Castronno, à quelques lieues du théâtre de sa défaite. Ses troupes disséminées furent massacrées pendant qu'elles cherchaient à regagner la frontière, par les paysans espagnols, en représailles de leur invasion en Castille. Ferdinand, usant d'une rare clémence dans l'ivresse même du succès, délivra des saufs-conduits à tous ceux qui lui en demandèrent. Il resta jusqu'à minuit sur le champ de bataille, puis rentra à Zamora, où il avait établi ses quartiers. Les bagages de l'ennemi, deux mille prisonniers, huit drapeaux, tels furent les résultats directs de cette journée. A la nouvelle de là grande victoire, la Reine ordonna une procession à la cathédrale de Saint-Paul, et y assista elle-même, marchant à pied, comme pour s'humilier devant le Dieu des combats qui avait donné le triomphe à ses armes. C'était en effet là une bien importante victoire, puisqu'elle consolidait à jamais le trône d'Isabelle. Sa nièce entra en religion ; une amnistie générale fut prononcée, et tous les Castillans reconnurent désormais Isabelle pour leur reine. La même année 1479, Ferdinand-le-Catholique devint roi d'Aragon, de Sicile et de Sardaigne. Ainsi furent sinon réunies effectivement, du moins juxtaposées, les deux couronnes de Castille et d'Aragon. Les jeunes monarques travaillèrent de concert à fermer les plaies que la guerre avait ouvertes. La sainte Hermandad, municipale depuis le treizième siècle, devint royale; l'Inquisition ou Saint-Office fut réorganisée comme institution semi-religieuse, semi-politique, et les grandes maîtrises de Saint-Jacques de Compostelle, de Calatrava et d'Alcantara, réunies à la couronne. Ainsi se fortifiait l'autorité royale; ainsi s'organisaient les ressources qui devaient, dans la main ferme et habile d'Isabelle, enrichir la Castille de solides conquêtes.

Prise de Grenade

Les Maures, autrefois maîtres de toute l'Espagne, s'étaient vu depuis plusieurs siècles refouler dans la partie la plus méridionale de la Péninsule, par une poignée de chrétiens qui avaient trouvé un asile contre les coups de leur impitoyable cimeterre, dans les montagnes inaccessibles des Asturies. Peu à peu le royaume chrétien s'était étendu, puis subdivisé. Malheureusement tous ces petits souverains se faisaient presque continuellement la guerre. Chaque fois que leurs querelles intestines cessaient, c'était comme un signal de la lutte nationale contre les Maures. A l'avénement d'Isabelle, les Musulmans ne possédaient plus que le royaume de Grenade. C'était là encore un assez joli domaine. Le territoire mauresque renfermait dans un circuit de deux cents lieues toutes les ressources physiques d'un grand empire. Les plaines, fertiles en pâturages, arrosées par des sources abondantes, étaient coupées de montagnes riches en minéraux que l'industrie exploitait et travaillait avec un art infini. Tout le long de la Méditerranée, des ports s'ouvraient au commerce et à une marine florissante. Au milieu, et pour couronner le tout comme avec un diadème, s'élevait la belle cité de Grenade, bâtie au pied de la Sierra Nevada, sur deux hautes collines que sépare une profonde vallée. Les maisons, placées sur la pente des coteaux dans l'enfoncement de la vallée, donnaient à la ville l'air et la forme d'une grenade entr'ouverte, d'où lui est venu son nom. Dans les beaux jours des Maures, elle était entourée d'une muraille flanquée de plus de mille tours; sept portes y donnaient passage à cinquante mille guerriers et à deux cent mille habitants. Au sommet d'une des collines de la ville, se dressait la forteresse royale ou palais de l'Alhambra, édifice unique dans le monde, qui pouvait contenir quarante mille personnes. Son élégante architecture, dont les ruines imposantes forment encore le plus beau monument de l'Espagne pour la contemplation du voyageur, montrait les grands progrès qu'avait faits l'art depuis la construction de la célèbre mosquée de Cordoue. Ses portiques gracieux et ses fines colonnades, ses dômes et ses plafonds brillants de teintes délicates qui n'avaient rien perdu de leur fraîcheur première sous cette atmosphère pure et transparente; ses salles aériennes, découpées pour laisser pénétrer les suaves parfums des jardins et le doux souffle de la brise; ses fontaines jaillissantes répandant une onde limpide et toujours glacée, étaient autant de preuves du luxe sybarite des rois dont il était le séjour. Dans la ville, qui possédait encore le Généralife et le palais de l'Albaïzyn, les rues s'élargissaient entre des habitations aux tours richement ouvragées, aux façades de marbre, aux corniches diamantées de pierres précieuses, qui brillaient comme des étoiles de feu sur le sombre feuillage des bosquets d'orangers. On pouvait comparer l'ensemble à un vase de jacinthes et d'émeraudes. Tout autour s'étendait un pays de belle culture appelé la Vega, traversé par le Xénil et le Douro, qui lavent le pied des collines, se réunissent et serpen-

tent ensuite, donnant naissance à mille canaux d'irri-
gation. On y avait acclimaté des végétaux des latitudes
les plus opposées. La vigne, le mûrier, le grenadier, le
figuier et l'olivier y mûrissaient à côté d'éternels gazons.
Le pays entretenait un grand commerce avec l'Italie et
le Levant; les revenus s'élevaient à plus d'un million
deux cent mille ducats, et les impôts atteignaient à un
chiffre plus considérable que ceux du califat de Cordoue. La couronne possédait de grands domaines. Les
rois de Grenade se distinguaient par le goût des arts.
Ils protégeaient les lettres et les sciences, faisaient exécuter chaque année de grands travaux publics, et dé-
ployaient plus de magnificence qu'aucun souverain du
monde. Au témoignage des historiens du temps, dans
cette terre privilégiée, les jours s'écoulaient dans les
fêtes, les tournois et les spectacles. Là passaie les
quadrilles superbement vêtus de brocard; là s'avan-
caient les galères chargées d'armes et de fleurs, les dra-
gons qui lançaient des feux et qui recelaient dans leurs
flancs d'illustres guerriers, ingénieuses inventions du
plaisir et de la galanterie. Grenade ne ressemblait pas
seulement à la Rome impériale par ses fêtes populaires,
elle s'en rapprochait encore par ses révolutions sans
cesse renaissantes. Le sérail, la soldatesque, la populace
y faisaient tour à tour la loi.

La tranquillité rétablie en Castille, la pieuse Isabelle résolut de remplacer à Grenade l'empire du Coran par l'empire de la Croix. En 1481, le marquis de Cadix s'empara par surprise de la forteresse d'Alhama, livra la ville au pillage et passa la garnison au fil de l'épée; c'est alors que fut composée cette mélancolique ballade qui commence ainsi : « Malheur à moi Alhama. » Le vieux roi Abul-Hacem ne se laissa pas aller au découragement et aux lamentations. Un corps de mille cavaliers partit en reconnaissance, tandis qu'il mettait sous les armes toutes les forces de Grenade. Le 5 mars il apparut devant les murs d'Alhama avec trois mille chevaux et cinquante mille fantassins. Ce qu'il aperçut d'abord, ce furent les cadavres de ses malheureux sujets laissés en proie aux corbeaux et aux chiens. A cette vue, les Maures, indignés, se précipitèrent en poussant de grands cris, mais sans succès, contre la ville dont la brèche avait été réparée, et qui repoussa heureusement cette attaque. Elle allait être réduite par la famine, lorsqu'on apprit que Gonzalve de Cordoue s'était mis en marche avec des troupes nombreuses. Le roi de Grenade, craignant l'arrivée subite d'un puissant renfort, leva son camp après trois semaines de siége et battit en retraite sur sa capitale. La garnison, réduite à la dernière extrémité, vit décamper l'ennemi avec des démonstrations de la joie la plus vive. Le 14 mai, la Grande-Mosquée fut consacrée au culte romain, avec les cérémonies d'usage. La Reine fournit pour le service divin des vases précieux, de splendides ornements, des croix et des cloches, et recouvrit l'autel de sainte Marie-de-l'Incarnation d'une broderie travaillée de sa main. C'est ainsi qu'Isabelle laissait voir moins d'ambition personnelle que de religion en entrant dans cette terrible lutte. Alhama était la clef du pays. Après ce pas décisif, la Reine oublia les dangers d'une guerre d'extermination pour ne songer qu'à la gloire; elle n'hésita plus, donna l'ordre formel à sa noblesse de se disposer à la suivre, et fit passer son enthousiasme dans tous les cœurs.

Pendant que Ferdinand allait battre la plaine de Grenade, sans perdre un instant, Isabelle s'engageait dans d'actives mesures pour presser l'issue de la guerre. Elle envoya des ordres aux différentes villes de Castille, de Léon, de Biscaye et de Guipuscoa, faisant partout appel aux subsides, aux approvisionnements, et indiquant le nombre de troupes qui devaient être fournies par chaque district, avec des munitions et de l'artillerie en proportion. Le rendez-vous de toutes ces forces était donné devant Loja pour le 1er juillet. Ferdinand devait ouvrir la campagne à la tête de ses chevaliers. Pendant ce temps, les Maures de Grenade faisaient appel à leurs frères du Maroc. Mais tandis que l'ensemble le plus parfait régnait dans l'organisation de l'armée chrétienne, les Musulmans usaient leurs forces en épousant les querelles de trois prétendants à un trône qui menaçait de s'écrouler. Boabdil finit par l'emporter sur ses compétiteurs, et ne fut pas plutôt tranquille possesseur de la couronne, qu'il s'empressa d'arrêter les progrès des infidèles. On raconte que, lorsque le Roi maure sortait de Grenade pour marcher à l'ennemi, le fer de sa lance donna contre une arcade et se rompit. Ce sinistre augure avait été suivi d'un autre fait non moins alarmant: un renard s'était jeté dans les rangs de l'armée et s'était échappé malgré une décharge de mousqueterie. Les conseillers de Boabdil, fatalistes comme tous les croyants, l'engagèrent à renoncer à une entreprise commencée sous de si mauvais auspices. Mais lui, moins superstitieux, persista dans ses projets et continua sa route. Il fut pris dans une rencontre sur le territoire chrétien par un simple soldat nommé Martin Rustado et mené devant le comte de Cabra, qui le traita avec courtoisie et lui donna pour prison son château de Baëna. Vingt et une bannières tombèrent entre les mains des Castillans dans cette affaire. C'est en mémoire de cet événement glorieux que les comtes de Cabra furent

autorisés à porter sur leur écusson le même nombre
de bannières, avec une tête de roi maure entourée
d'une couronne d'or et une chaîne du même métal
autour du cou. Grande fut la consternation causée à
Grenade par cet échec. Cependant la résistance qu'on
rencontrait à chaque ville dont il fallait faire le siége,
prouvait la faiblesse de l'artillerie. Isabelle, qui sem-
blait avoir pris ce département dans ses attributions
particulières, appela en Espagne les meilleurs con-
structeurs de canons de France, d'Allemagne et d'Italie.
Des forges furent construites dans le camp, et tous
les matériaux nécessaires réunis pour la fabrication des
canons, des boulets, de la poudre. On transporta aussi
de grandes quantités de munitions de Sicile, de Flan-
dre et de Portugal. Des commissaires spéciaux furent
préposés à chacun de ces services, avec ordre de ras-
sembler tout ce qu'il fallait pour ces opérations. Et le
tout fut mis sous la haute surveillance de don Fran-
cisco Ramires, un hidalgo de Madrid, l'homme le plus
expérimenté du temps dans la science militaire. Par
ces efforts continuels pendant toute la durée de la
guerre, Isabelle organisa le parc d'artillerie le plus
redoutable de l'Europe. S'inquiétant de tout ce qui
pouvait intéresser le bien de son peuple, elle visitait
fréquemment les quartiers en personne, encourageant

les soldats à supporter les fatigues de la guerre, et prévenant leurs besoins par la générosité de ses dons de vêtements et d'argent. Elle fit disposer à ses frais un grand nombre de tentes qui devinrent l'hôpital de la reine et qu'elle eut soin de pourvoir de toutes les ressources de la médecine. Rien ne pouvait l'arracher aux travaux de la guerre dont elle était l'âme. Malgré ses efforts opiniâtres, les progrès étaient lents, les Maures disputaient le terrain pied à pied; chaque forteresse était un point d'arrêt qui coûtait cher à franchir. Cependant tombaient l'un après l'autre tous les boulevards de Grenade, et la capitale restait seule, isolée de tous côtés et environnée d'ennemis.

Le 7 avril 1487, Ferdinand vint avec douze mille chevaux et quarante mille fantassins, mettre le siége devant Malaga. La place était forte, munie d'une artillerie formidable et avait pour la défendre, outre sa garnison ordinaire, un corps de mercenaires africains. Isabelle arriva bientôt et demanda un assaut sans capitulation au lieu d'un blocus. La ville fut prise et les chrétiens captifs délivrés. « Oh! Malaga, criaient les habitants poursuivis par le fer de l'ennemi, oh! belle cité, où sont tes enfants? Où est maintenant la force de tes tours et la beauté de tes édifices? La hauteur de tes murs, hélas! n'a pu nous défendre, car nous étions maudits de Dieu. Où iront tes vieillards et tes femmes élevées délicatement dans tes palais? Maintenant captifs sous un joug étranger, tes durs conquérants changeront leur vie en une source de larmes. » Le sort de Malaga décida de celui de Grenade. Le siége est mis devant la ville. Des cris d'allégresse et d'enthousiasme saluent l'arrivée d'Isabelle. Elle parcourt en personne les divers quartiers du camp; elle se montre armée de toutes pièces. Elle parle à tous les soldats comme à des Castillans et à des chrétiens, gourmandant ceux-ci, encourageant ceux-là, exaltant chez tous l'enthousiasme patriotique et religieux, et jurant de ne déposer· son armure que dans la place assiégée. Au mois de juillet, le camp devient la proie des flammes. La Reine, inébranlable dans sa résolution, le remplaça par une ville qu'on nomma Santa-Fé, pour célébrer la confiance d'Isabelle en ce Dieu dont elle agrandissait l'empire. A la vue des maisons qui s'élevaient presque à leurs portes, les habitants de Grenade désespérèrent. L'insurrection accompagna la famine, et le 2 janvier 1492 au matin, le Roi vaincu vint remettre à la Reine victorieuse les clefs de la ville en lui disant : « Elles sont à toi, ainsi le veut Allah; use de la victoire avec clémence et modération. » Ce jour-là, le camp offrait l'aspect le plus animé. Le grand cardinal Mendoza entra dans la ville, traversa à la tête d'un détachement nombreux la porte du Jugement qui donnait entrée dans l'enceinte intérieure de l'Alhambra, la place des Algibes, près de laquelle Charles-Quint fit plus tard élever un palais, et prépara la demeure de sa souveraine dans la demeure des rois maures. Aussitôt on arbora au sommet de la plus haute tour de l'Alhambra la croix d'argent et la bannière de Castille. A ce glorieux spectacle, toute l'armée entonna le *Te Deum* et accompagna en procession autour de la ville Ferdinand et Isabelle, revêtus des insignes de la royauté. En même temps le Roi détrôné quittait l'Espagne en soupirant. C'était, selon l'expression d'un auteur du temps, *el ultimo sospiro del Moro.*

La catholique Isabelle, pour consolider sa conquête et arriver à cette unité de croyance politique et religieuse qui était son rêve, envoya son conseiller le plus intime, son premier Ministre, le cardinal primat Ximènes, prêcher aux Maures le vrai Dieu. Elle ne pouvait faire un meilleur choix. Sorti en 1492 du couvent des Franciscains pour devenir confesseur de la Reine, ses talents et ses services l'élevèrent bientôt au premier rang. Austère et pur au sein des grandeurs, il porta toujours sous ses pompeux vêtements le grossier froc de saint François, vécut frugalement et coucha sur la dure. Ce qui dominait chez lui, c'était une mâle énergie et une inflexible constance. Une si noble mission, confiée à un tel apôtre, ne pouvait manquer de réussir. Sa douceur, son saint enthousiasme gagnèrent le cœur des infidèles, qui se convertirent en grand nombre. Plus tard on voulut remplacer la persuasion par la violence; les Maures en se soulevant perdirent le bénéfice du traité qu'ils avaient conclu, mais la guerre souterraine qu'ils entreprirent dès lors jusqu'à leur expulsion définitive les vengea.

C'est ainsi qu'Isabelle réunissait l'Espagne sous sa main, pendant que Christophe Colomb lui ouvrait les portes d'un nouveau monde, que sa race s'alliait à l'antique maison de Bourgogne et joignait l'aigle d'Autriche à ses armes. Sa mort prématurée ne lui permit pas de jouir du fruit de ses grands travaux. Mais elle laissait à son petit-fils, Charles-Quint, des Etats sur lesquels le soleil ne se couchait jamais.

ISABELLE II

Don Carlos

Aprés l'apogée vint la décadence. L'expulsion des Maures fit à l'Espagne plus de mal encore que la révocation de l'édit de Nantes à la France; car elle perdit ainsi l'industrie qui faisait sa richesse, et qui était tout entière dans leurs mains. A partir de ce moment, le déclin fut sensible. L'alliance de la maison royale au noble sang des Bourbons la releva peu. Aussi ne put-elle résister à l'impétuosité de nos aigles, et devint-elle un des plus beaux fleurons de la couronne de Napoléon. Il fallut le réveil du sentiment national qui

ne meurt jamais, l'influence irrésistible des idées libérales et la chute même du grand empereur d'Occident,
pour rendre à Ferdinand VII le trône de ses pères.
Ferdinand mourut au mois d'octobre 1833, laissant
pour lui succéder sa fille Isabelle II, sous la tutelle de
sa femme Marie-Christine. Dès le début du règne de la
jeune infante, recommencèrent les troubles mal éteints
qui avaient empoisonné la vie de son père. Deux
régimes étaient en présence : le régime constitutionnel,
qui était le régime légal, et la royauté absolue. En 1823,
la France, sortant de la mission libérale et généreuse
qu'elle s'est toujours donnée et qu'elle a si glorieuse-
ment reprise de nos jours, dans les expéditions de
Crimée, d'Italie, de Syrie et de Chine, avait offert
le secours de ses armes au parti despotique, et avait fait
de Ferdinand VII malgré lui un roi de droit divin,
C'est ainsi que la vieille dynastie française, à peine
rétablie sur un trône tombant de vétusté et sapé par
les révolutions, voulait imposer son principe, en inter-
venant directement dans les affaires de ses voisins, sans
penser dès lors que les restaurations faites avec les armes
de l'étranger ne portent jamais bonheur. Le gouvernement d'Isabelle II comprit mieux la situation. Marchant
avec le progrès des temps, elle voulut être reine constitutionnelle. Le parti clérical et rétrograde lui opposa

sur-le-champ un compétiteur. Ce fut le propre frère de Ferdinand VII, don Carlos, qu'on salua du nom de Charles V. Sous le règne précédent, il n'avait songé qu'à fomenter des troubles; aujourd'hui il voulait ouvertement détrôner sa nièce. Moins heureuse qu'Isabelle Iʳᵉ, Isabelle II ne put étouffer à l'origine ces querelles de famille, et pendant dix ans la guerre civile désola l'Espagne. Pour soutenir cette lutte impie, on fit appel aux plus mauvaises passions. Des bandes carlistes signalèrent partout leur dévouement à cette cause, en arrêtant les diligences, en détroussant les voyageurs, en saisissant les caisses publiques, en exerçant le plus affreux brigandage. Don Carlos usait sans remords de leur concours, mais il avait en outre mis sur pied plusieurs petites armées. L'une agissait dans l'Andalousie, les autres en Catalogne, en Aragon, en Biscaye et dans la Navarre, véritable foyer de l'insurrection. Le plan était de réunir en un seul corps toutes les troupes du Nord, de passer l'Ebre, et de marcher sur Madrid, où l'on entretenait continuellement des troubles. Don Carlos, tranquillement établi à Miranda, sur la frontière de Portugal, vivait là, au milieu de sa petite cour, composée de quelques gentilshommes, d'une douzaine de gardes du corps et de trois religieux, au nombre desquels figurait le fameux curé Mérino.

Cet audacieux partisan, plus habile à manier le glaive qu'à expliquer les Évangiles, tint plus d'une fois en échec les troupes royales et échappa à tous les efforts que l'on fit pour s'emparer de sa personne. Il devait, quinze ans plus tard, couronner dignement sa carrière pastorale. La quadruple alliance signée à Madrid le 22 avril 1834, entre l'Espagne, le Portugal, l'Angleterre et la France, amena une pacification presque générale, et contraignit don Carlos à quitter la péninsule. Le gouvernement de Louis-Philippe, tout en protégeant hautement le régime en vigueur, recula toujours, dans l'intérêt même de la Reine, devant une intervention directe. Il se borna à tenir dans le midi un corps d'observation, à mettre à la disposition d'Isabelle la légion étrangère et à laisser un libre passage à ses troupes sur les territoires français.

Cependant la Reine s'occupait d'utiles réformes, proclamait une amnistie générale, supprimait les jésuites, les moines, la loterie, ces plaies de l'Espagne, empruntait à la France son système de remplacement militaire, et déclarait aboli à tout jamais l'horrible tribunal de l'Inquisition. Etablie par les dominicains, après la guerre des Albigeois en France, sous la haute surveillance du Saint-Siége, l'Inquisition n'avait à son origine d'autre but que de maintenir l'orthodoxie du dogme catholique, en recherchant et en étouffant l'hérésie à sa naissance. En Espagne, elle eut un caractère particulièrement politique. Par son organisation sévère et permanente, elle devint entre les mains de Sa Majesté catholique une arme terrible. Elle est à nos yeux, au dix-neuvième siècle, la plus effrayante image des excès de l'intolérance au moyen âge. Le sort des malheureux qui tombaient sous le coup des sentences du tout-puissant tribunal était affreux. Revêtus d'un vêtement jaune, sur lequel se détachait une croix écarlate entourée de flammes et de figures diaboliques, ils descendaient à genoux les marches de l'escalier de leur prison, jusque sur la place publique, où les attendait le dernier supplice. Un bûcher s'élevait, sur lequel on immolait des victimes par centaines. C'est ce qu'on appelait un *auto-da-fé* : singulier moyen de protester de la pureté de sa foi en un Dieu clément! Le peuple espagnol se pressait à ces exécutions comme à un combat de taureaux, les rois même ne craignaient pas d'honorer de leur présence cet holocauste druidique de leurs sujets. La jeune reine, en supprimant cet usage barbare, consacrait à l'amortissement de la dette publique les fonds qui avaient servi pendant tant de siècles à soudoyer de captieux docteurs et de sanguinaires bourreaux.

Don Carlos était rentré en Espagne. La faction ara-
gonaise faisait effort pour se réunir à la faction navar-
raise, qui avait passé l'Ebre et se disposait à entrer en
Castille. Quinze mille hommes allaient être réunis, mais
la Reine leur en opposait plus de vingt mille sous les
ordres supérieurs de Cordova, d'Espartero, du général
Narvaez et du brigadier O'Donnel. Au même moment
un mal terrible venait joindre ses horreurs à celles de la
guerre civile. Le choléra sévissait sur plusieurs points
de la péninsule, et les prêtres disaient : C'est un fléau
du ciel, pour punir ceux qui veulent enlever le trône
à don Carlos et les richesses aux couvents. Ainsi, la
religion, là comme ailleurs, servait de levier aux
factions, et de masque aux menées les plus coupables.
Un des chefs de l'armée carliste s'en servait même
comme d'un expédient. Ses soldats étaient à peine
vêtus; ils manquaient des choses les plus nécessaires
à la vie; les chevaux étaient dans un pitoyable état;
les ateliers pour la fonte des canons ne fonctionnaient
plus; les artilleurs n'avaient pas de quoi manger.
Il imagina un ingénieux moyen pour se procurer des
ressources : il se faisait annoncer aux populations par
des processions de moines qu'il payait pour prêcher
la croisade. Ces auxiliaires lui frayaient la route;
les populations s'agenouillaient devant leurs énormes

crucifix; puis arrivait l'adroit bandit qui recueillait les fruits de ces prédications, et en échange des bénédictions des moines recevait d'abondantes rations pour les soldats de la Vierge des sept douleurs. Mais toute son adresse ne l'empêcha pas d'être battu, et au mois de février 1838, la Reine recevait le compte rendu suivant, fortement empreint, du reste, des couleurs exagérées de l'imagination andalouse : « Vive Isabelle II ! la liberté et les vaillants guerriers qui la défendent ! Jour de gloire ! Ce matin à dix heures, la faction de Basilio, qui était restée dans cette ville, en est sortie à la hâte et a pris position dans les environs, sur les communaux de San-Lazaro. Celle de Tallada, qui occupait Baëza est arrivée en pleine retraite. A onze heures, le feu a commencé de se faire entendre du côté d'Encinarejo, qui est situé à moitié chemin entre Ubeda et Baëza. A midi, l'ennemi se sauvait en déroute par la droite du chemin de la Torre, en essayant de faire dans les carrières de pierre et les bois d'oliviers une résistance rendue bientôt vaine par la valeur des troupes légères de la Reine. Toute la route est couverte d'effets, de cadavres, et cinq cents prisonniers sont déjà confinés dans la ville ; cinquante blessés y sont déposés, et à chaque instant nous arrivent des déserteurs. »

De ce point du théâtre de la guerre, l'attention se concentra sur Sarragosse. Le 4 mars au soir, des manifestations étranges avaient eu lieu dans certains quartiers de la ville. Plusieurs individus, en proie à une exaltation extrême, déclamaient dans les cafés contre les autorités, et vers dix heures quelques détonations d'armes à feu furent entendues. C'était un signal. A onze heures du soir, une tartane, que la police n'avait pas cru devoir arrêter, se dirigeait avec un certain mystère vers la porte del Carmen. Les nouveaux venus, escaladant sans bruit la muraille, pénétrèrent dans la ville près de la porte de Santa-Engracia, celle même par laquelle les Français s'y étaient autrefois introduits, puis s'avancèrent avec une grande prudence dans les rues, au nombre de trois bataillons. Un quatrième resta pour protéger au besoin la retraite. Cabanero, à cheval, suivi d'une centaine de cavaliers, s'arrêta au milieu d'une avenue, par laquelle il pouvait se porter sur la place de la Constitution, où trois compagnies avaient été rangées en bataille. Les factieux, après avoir relevé les postes, battirent la générale, espérant tromper les gardes nationaux. Le stratagème réussit d'abord, mais le jour ayant paru, et les cris de Vive Charles V, vive Cabanero! ayant été distinctement entendus par la population, l'alarme devint universelle. De toutes parts s'éleva la résistance la plus énergique. On lutta dans les rues, dans les carrefours, jusque dans les maisons. C'était surtout vers le marché que le combat était le plus animé et le plus meurtrier. Les femmes montaient sur les toits, faisaient pleuvoir sur les soldats de Charles V des tuiles, des pierres, de l'huile bouillante. Azenard le Boiteux avait été avec quatre cents hommes s'enfermer dans l'église de Saint-Paul; cette position fut attaquée avec vigueur; une pièce de canon ayant été amenée, les factieux capitulèrent. En moins de quatre heures, trois mille carlistes avaient été obligés de fuir devant une population qu'ils avaient d'abord surprise et effrayée. La ville était redevenue tranquille, lorsque, à onze heures, un bruit épouvantable vint jeter de nouveau la population dans l'effroi : une caisse de grenades qui saute sur la place de la Constitution blesse grièvement trois artilleurs. Dans la soirée, la foule se porte sur divers points; des clameurs effroyables se font entendre; il faut, pour apaiser le peuple, lui jeter la tête du général en second, accusé de trahison. Après mille outrages, il est fusillé. La populace surexcitée demande à grands cris d'autres têtes. La justice la plus expéditive paraît encore trop lente aux yeux des émeutiers, qui hurlent ces mots de cannibales : « Nous ferons justice nous-mêmes. » Les esprits s'échauffaient, la crise était imminente; on entend battre brusquement la générale. Chacun de courir aux armes; on répète que Cabrera, appuyant le mouvement de Cabanero, n'est plus qu'à une heure de la place: les portes regorgent de citoyens; l'ennemi seul est absent. Cette alerte était un moyen imaginé par l'autorité pour disperser les rassemblements. Il réussit, et tout rentra dans l'ordre. Quelques jours après, une ordonnance royale accordait à la loyale et fidèle ville de Sarragosse le droit d'ajouter à ses autres titres celui de toujours héroïque, et d'orner l'écu de ses armes d'une branche de laurier. La cravate de l'ordre militaire de Saint-Ferdinand fut attachée au drapeau de la garde nationale, pour rappeler son admirable conduite dans ces journées tumultueuses.

Ainsi, la Reine apprenait chaque jour de nouveaux triomphes de ses armées. Le 25 juillet 1838 elle renouvela l'antique cérémonie espagnole du baise-main, à laquelle assistèrent plus de 4000 personnes, et qui laissa dans les esprits un long et agréable souvenir. La réception fut brillante, au-delà de toute expression : la jeune Isabelle avait une robe blanche ornée de pierreries, dont l'effet était admirable. La Reine régente, un riche diadème en tête, était vêtue d'une robe de velours azur avec broderies d'argent; sur sa poitrine étincelait un collier de diamants. Les dames d'honneur, en toilettes magnifiques, entouraient les fauteuils occupés par les deux reines. On distinguait au milieu de cette noble société le vénérable duc de Baylen, revêtu de l'ancien uniforme du régiment d'Afrique; le duc de Sarragosse, don Gabriel de Mendizabal, marquis del Cuadro; plusieurs anciens ministres, MM. Isturitz et Galiano; enfin, M. le duc de Fezensac, ambassadeur de France, en uniforme de général de division. Un grand nombre de sénateurs et de députés célébrèrent par un banquet l'anniversaire de la naissance de la Reine régente. Le banquet eut lieu dans les salons du palais de Villa-Hermosa, sous la présidence du duc de Castroterreno. M. Martinez de la Rosa porta le toast suivant : « Aux augustes monarques alliés! A tous les gouvernements amis de l'Espagne! Puisse la pacification de la péninsule être le nouveau gage de la paix européenne! » On but à l'enfant chéri de la victoire, Espartero, comte de Luchana, à l'union des corps législatifs, à la mémoire du 4 juillet 1834, à la réconciliation de tous les Espagnols. Ces vœux de tous les bons et loyaux citoyens devaient être bientôt remplis. Les trois expéditions de don Carlos, dans les premiers mois de l'année avaient échoué. La Navarre et les provinces basques étaient excédées et très-mécontentes, elles souffraient tout le poids de la guerre sans compensation. On leur promettait des armées russes, autrichiennes et prussiennes; mais pas un soldat étranger n'arrivait. On leur faisait espérer la reconstitution de leurs fueros, de leurs antiques libertés et priviléges; mais pour le moment on les traitait militairement. Don Carlos ne payait personne, pas plus ses troupes que ses fournisseurs, et depuis longtemps ses grands amis ne finançaient plus. Espartero était là, à la tête de troupes nombreuses, bloquant le pays, ouvrant les bras à toutes les défections et lançant aux rebelles obstinés des proclamations foudroyantes. La fortune suivait les drapeaux de la Reine dans une rencontre décisive, et le nouveau duc de la Victoire rentrait triomphalement à Madrid, pendant que don Carlos, battu, fugitif, serré de près, n'échappait à la mort qu'en allant se constituer prisonnier en France.

La Reine, fidèle à la Constitution, voulant s'appuyer sur une représentation vraiment nationale, avait convoqué les Cortès. Cette grande assemblée se divisait en deux parties : un Sénat et une chambre basse nommée Congrès. Elle était composée de deux ordres de personnages : les Proceres ou grands d'Espagne, à qui ce titre appartenait par la naissance ou par le choix du Souverain, et les Procuradores, représentants du peuple, élus

par les juntes d'arrondissement ou de province. La
résolution de la Reine connue, on avait procédé à Madrid
de la manière la plus solennelle, à la promulgation du
statut royal et de l'acte de convocation des Cortès, par
la voix des hérauts d'armes , en présence du gouverneur
civil , du corrégidor, et des membres de la municipalité
ayant pour escorte un escadron de la garde urbaine à
cheval. Au jour fixé, le régiment de la Reine régente
était venu former la haie, depuis la place du palais
jusqu'à celle de Sainte-Marie; la milice nationale occupait l'autre côté des rues. Vingt et un coups de canon et
le son des cloches annoncèrent la sortie de Leurs Majestés. Le cortége marchait dans l'ordre suivant : les
gardes du corps, trois voitures de cour, trainées,
l'une par six mules noires, l'autre par six mules
blanches superbement enharnachées, la troisième par
six mules couleur cannelle. On y remarquait les pre-
mières dames d'honneur, les gentilshommes de la
Chambre et plusieurs grands d'Espagne. Venait ensuite
un carrosse de cérémonie de forme antique, mais
très-précieux par ses ornements et ses ciselures en or
massif; il était tiré par six chevaux bais couverts de
riches housses. Quatre cadets des gardes-du-corps
précédaient la voiture des deux reines. Huit superbes
chevaux blancs étaient attelés à cette voiture de gala,

au-dessus de laquelle brillaient la couronne et le sceptre. La tête des chevaux était ombragée de panaches
d'azur ; dix laquais galonnés d'or marchaient à côté ;
deux écuyers cavalcadours faisaient escorte ; à la por-
tière de droite se trouvait le grand écuyer à cheval,
et à celle de gauche un chef d'escadron des gardes-du-
corps. Après la voiture royale marchait l'état-major
du district, ayant à sa tête le capitaine-général accompagné d'un détachement de chacun des corps de
cavalerie de la garde, de la milice nationale et de la
garnison. Une deuxième salve de vingt et un coups
de canon annonça l'arrivée de Leurs Majestés au palais
des Cortés, où se trouvaient d'avance pour les recevoir
le Ministre de l'intérieur et la députation du congrès,
composée de vingt-quatre députés et de douze sénateurs, précédés de quatre huissiers en costume de
grande cérémonie. Leurs Majestés, ayant traversé la
salle, se placèrent sur le trône, derrière lequel se
tenaient les personnes attachées à la cour, et de chaque
côté les ministres. La Reine-Mère n'avait jamais été plus
gracieuse, son éclat naturel était encore rehaussé par
la magnificence de sa toilette ; la reine Isabelle avait,
comme dans toutes les occasions solennelles, cette
gravité qui convient à la royauté, et qui ne déparait
pourtant pas les grâces de son âge. « Illustres Proceres,

dit Marie-Christine, et vous MM. les Procuradores du royaume, asseyez-vous. » Alors, le Président du Conseil des ministres vint baiser sa main, et lui remettre le discours d'ouverture. Elle le prononça d'une voix ferme et sonore, et rendit compte en ces termes du succès de ses armes : « L'armée du nord, ouvrant la campagne par les brillantes opérations de Ramala, Guardamino, Orduna et Amurrio, suivies par d'autres opérations aussi habilement conduites en Navarre, pénètre victorieusement jusqu'au cœur du pays ennemi. Après avoir triomphé avec gloire des difficiles positions de Villareal, Urqueola et Areta, elle continue ses mouvements assurés qui nous promettent de nouvelles victoires. L'armée du centre vient de rabaisser près de Lucena l'orgueil d'un chef farouche. Les bandes rebelles qui infestaient d'autres provinces n'ont pas réussi, ou elles ont été exterminées ; la tranquillité et la confiance renaissent parmi les populations. » Le discours étant prononcé, le vénérable patriarche des Indes s'approcha du trône, accompagné du Président de l'estamento des Proceres et du Président de l'estamento des Procuradores ; et après avoir baisé la main de Sa Majesté, lut en ces termes la formule du serment royal : « Conformément à la coutume immémoriale de ces royaumes, vous jurez de garder fidèlement et loyalement la couronne à votre auguste fille notre reine et seigneur dona Isabelle, et de la lui remettre aussitôt qu'elle aura atteint l'âge requis par les lois et par la volonté de son auguste père. » S. M. la Reine régente, posant sa main sur le livre des Evangiles, répondit : « Oui, je le jure. » A quoi le révérend patriarche répliqua : « Si Votre Majesté le fait ainsi, que le Roi des rois vous en récompense ; et sinon, qu'il vous en demande compte. » Après le serment de tous les membres présents, sur l'ordre de Sa Majesté, le Président du Conseil des ministres déclara que la session des Cortès était légalement ouverte. Il fut décrété qu'une médaille serait frappée en mémoire de ce grand événement, qui remettait en vigueur les lois fondamentales du royaume et les droits de la nation.

Un des premiers actes des Cortès fut de régler la succession au trône. Usant des droits qui leur étaient attribués par la Constitution, ils ordonnèrent ce qui suit :

Est exclu de la succession à la couronne d'Espagne le rebelle don Carlos-Marie-Isidore de Bourbon, et tous ses descendants.

La Reine légitime de l'Espagne est dona Isabelle II de Bourbon.

La succession au trône d'Espagne suivra l'ordre de

primogéniture, en préférant toujours la ligne directe aux lignes collatérales, et dans la même ligne le degré le plus prochain au plus éloigné.

Les séances des Cortés furent souvent agitées, mais l'assemblée montra constamment pour Isabelle la déférence et le dévouement qu'elle devait à l'élue de son choix, et seconda de tout son pouvoir l'action du gouvernement. Une seule scène violente troubla la tranquillité ordinaire des délibérations. M. Rios y Rosas, député, eut une altercation très-vive avec M. Aranda, introducteur des ambassadeurs, pour un fait tout personnel. Un rendez-vous fut donné, et M. Rios reçut deux coups de sabre. A cette nouvelle, son fils, officier dans un régiment, envoya un cartel à M. Aranda. La Cour, avertie, pour éviter un nouveau malheur, fit mettre le jeune homme qui voulait venger son père aux arrêts jusqu'à nouvel ordre. Alors, tous les officiers de son corps envoyèrent collectivement à son adversaire un manifeste, dans lequel ils se mettaient tous au lieu et place de leur compagnon d'armes détenu, et sommaient M. Aranda d'avoir à choisir parmi eux celui avec qui il préférait croiser le fer. La Reine s'interposa, et l'affaire n'eut pas d'autres suites. Mais cet exemple prouvait que les souvenirs du Cid n'étaient pas morts dans le cœur des Espagnols. A ce moment même, avait lieu la translation à Burgos de ses cendres et de celles de son inséparable Chimène. Les restes de ces nobles amants reposaient ensemble dans les caveaux du couvent de Cerdena. On trouva leurs squelettes dans un parfait état de conservation ; mais les cercueils de plomb où ils avaient été placés en 1826 avaient disparu. Les moines et les factieux les avaient enlevés pour faire des balles. Les ossements furent placés sur un char de deuil entiè-rement tendu de velours noir. Quatre tambours de la milice ouvraient la marche. Dès qu'on fut instruit de l'approche du convoi, quinze coups de canon partirent de la citadelle de Burgos, tandis que les troupes de la garnison, rangées sur le bord de la route, rendaient aux illustres morts les honneurs militaires.

Isabelle était encore trop jeune pour porter le fardeau des affaires. Tout ce qui se faisait de grand en son nom était l'œuvre de sa mère. Marie-Christine était reine d'Espagne depuis 1829. Sa beauté, qui ravissait le peuple d'admiration, excitait des malignités jalouses jusque dans sa cour. Ne pouvant blâmer sa conduite irréprochable, on lui faisait un crime de son penchant pour les modes françaises. Elle aimait pourtant le costume national, et assistait toujours aux combats de taureaux en toilette de Maja andalouse, dans toute sa rigueur, coiffée de la coquette mantille, qu'elle portait avec une grâce tout-à-fait espagnole. Ces bruits étaient dus à la malveillance des princesses de Portugal qui vivaient sous son toit. Elle laissait parler les méchants, et repondait à leurs calomnies en faisant le bien. Pendant les cinq ou six jours que son époux moribond la chargea du gouvernement de l'État, elle publia l'amnistie générale qui ouvrit les portes de leur patrie à tous les proscrits de 1823, et fut constamment un modèle de douceur et de vertu conjugale. Durant la maladie de Ferdinand VII, elle n'avait pas quitté sa couche. Vêtue de l'habit de professe de sainte Thérèse, par suite d'un vœu qu'elle avait fait, elle ne cessa de prodiguer à son époux les soins les plus tendres, et mérita ainsi d'être désignée par lui pour le remplacer dans la direction des affaires. Plus tard, elle fut obligée de céder le pas à un homme pour qui elle avait tout fait, mais qui avait, comme bien des grands hommes, une soif immodérée de domination. Quand on annonça son retour, le peuple de Madrid s'émut et vint l'attendre en masse à la porte d'Atocha. Quatre quadrilles composés de soixante-quatorze danseurs fêtèrent son arrivée. Elle fit son entrée, précédée de douze jeunes filles habillées en nymphes, montées sur deux chars de triomphe à huit chevaux. Les unes répandaient sur son passage des fleurs disposées dans des corbeilles, les autres brûlaient des parfums dans des cassolettes d'or. On lui offrit deux représentations aux théâtres de la Cruz et del Principe. Au cirque, on chanta un hymne martial en son honneur. Cette nuit-là, la maison Panaderia fut décorée et illuminée de onze mille verres de couleur, et deux musiques militaires firent retentir la ville de ses airs favoris, depuis la chute du jour jusqu'à minuit. Elle avait inauguré le gouvernement représentatif. Retirée des affaires, elle voulut inaugurer aussi la première voie ferrée qui sillonna l'Espagne. Accompagnée de son nouvel époux, le duc de Rianzares, et de M. José de Salamanca, directeur général des chemins de fer, elle fit l'ouverture de la ligne de Madrid à Aranjuez.

Isabelle n'oublia jamais les leçons de piété de sa mère et les bons sentiments qu'elle avait développés dans sa jeune âme. Un jour qu'elle traversait en voiture les rues de Madrid, elle s'aperçut que l'on avait diminué son escorte et en demanda la cause; on lui répondit qu'on avait détaché quelques soldats, pour accompagner le Saint-Viatique que l'on portait à un malade : « C'est très-bien, dit la jeune Reine; mais une autre fois, vous ferez arrêter ma voiture et vous y ferez monter le prêtre, que nous accompagnerons à la maison du malade et que nous reconduirons ensuite jusqu'à l'Église; c'est une recommandation de maman; à l'avenir je désire m'y conformer. »

Un autre jour, dans la rapidité de sa course, le pi-
queur de Sa Majesté renversa une vieille femme qui
voulait remettre une pétition. La Reine fit arrêter sur-
le-champ, installa la malheureuse dans une voiture de
la cour, et vint dans la soirée avec un de ses médecins
et l'écuyer de service lui apporter des consolations.
Elle en fit prendre soin, et lui laissa en la quittant des
marques ineffaçables de sa royale munificence.

On lui avait parlé d'une jeune fille que minait len-
tement un mal implacable. La poitrinaire n'avait pour
la soigner que sa mère, qui se désolait en sentant son
unique espoir s'éteindre insensiblement dans ses bras.
Malgré l'observation des personnes de sa cour, la Reine
voulut voir la malade. Après une première visite, sa-
chant que ces pauvres gens étaient sans ressources, elle
leur envoya de l'argent et deux de ses médecins. Leur
avis fut que le seul moyen de rappeler à la vie la pâle
enfant qui se mourait, était de la transporter pendant
quelque temps dans une étable à vaches. Sa Majesté fit
à l'instant disposer dans une de ses résidences royales
un local où l'on plaça six vaches et un lit. La mère et
la fille y furent transportées bientôt grâce à la promp-
titude des préparatifs que la Reine activa elle-même,
et Dieu, comme pour récompenser cette bonne action,
permit que les efforts de la science rappelassent l'ago-

nisante des portes de la mort. On conçoit qu'après de
semblables actes de bonté fréquemment répétés, tous
les Espagnols qui ont du cœur soient attachés et dévoués à leur Reine, que leurs voix publient ses louan-
ges et que leurs mains lui dressent des statues. Tant de
jeunesse et de vertu ne trouvèrent pourtant pas grâce
aux yeux des partis aveuglés par les passions poli-
tiques.

Isabelle était encore au berceau qu'un ancien domes-
tique de don Carlos avait voulu l'assassiner. Quelques
années plus tard, elle pensa être victime du complot le
plus audacieux qui jamais ait été tramé. Un soir, mille
hommes du régiment de la Princesse entrèrent à la
fois dans le palais, s'emparèrent de toutes les issues et
tentèrent de pénétrer jusqu'à l'appartement de la Reine.
Dix-huit hallebardiers fidèles, renouvelant l'héroïsme
des Suisses aux Tuileries et des gardes du corps à Ver-
sailles, tinrent tête aux envahisseurs. La lutte fut
opiniâtre; on se battit dans les petits appartements,
on se battit dans la salle des ambassadeurs. Préférant
mourir, plutôt que de trahir sa consigne, cette poignée
de braves défendit pied à pied, avec un courage invincible chaque pièce, jusqu'à la porte de la chambre
à coucher de la Reine, depuis huit heures du soir jusqu'à quatre heures du matin. Pendant ces combats,

au milieu du bruit de la fusillade, Isabelle et sa sœur priaient et demandaient du secours. Madame Mina, qui était auprès de ces pauvres enfants, cherchait à les consoler. Elles furent obligées de se coucher sur des matelas, dans la crainte d'être atteintes par les balles qui pénétraient dans leur chambre, et passèrent une nuit d'angoisses mortelles. A la nouvelle de cette alerte, Espartero avait entouré le palais d'une ceinture de troupes : les chefs, qui avaient des intelligences dans la place, parvinrent à s'évader; les soldats, se voyant abandonnés, déposèrent les armes et se rendirent à discrétion.

Les rapports entre l'Espagne et la France avaient toujours été les meilleurs. Tantôt c'était M. Guizot qui défendait à la chambre des pairs les Espagnols contre les imputations calomnieuses du marquis de Dreux-Brézé; tantôt c'était la Reine qui répondait aux bons offices de M. Victor Cousin, en lui envoyant la plaque de Charles III. Au milieu de dangers continuels Isabelle avait grandi. Elle épousa l'infant don François d'Assise, pendant que sa sœur l'infante dona Louisa-Fernanda donnait sa main au duc de Montpensier, un des fils de Louis-Philippe. Cette union resserra encore l'amitié des peuples. Ainsi s'alliaient les deux familles qui avaient fait jouir l'Espagne et la France d'institutions également libérales et généreuses, qui avaient identifié leur bonheur avec le bonheur de leurs sujets; et l'on pouvait dire, comme du temps de Louis XIV, qu'il n'y avait plus de Pyrénées. Les fiançailles eurent lieu dans la salle du Trône; les deux reines étaient entourées des princes de la famille royale, des grands d'Espagne, des plus illustres prélats, des membres les plus éminents de la magistrature et de la municipalité. Deux hérauts d'armes portant l'oriflamme aux couleurs de la Cour se tenaient debout, à droite et à gauche du trône. La Reine et sa sœur étaient vêtues de robes pareilles en dentelle blanche travaillée d'or. Le duc de Montpensier portait l'ordre de la Toison d'or en diamants. A l'entrée des fiancés, les deux reines vinrent se placer devant l'autel, et le patriarche de Grenade, mitré, sans crosse, bénit la double union. Le lendemain, le mariage reçut une consécration publique à Notre-Dame d'Atocha. Suivant l'usage espagnol, on enveloppa la tête de la Reine d'un riche voile qu'un ruban blanc et rose fixait à l'épaule de son mari. C'est ce qu'on appelle la cérémonie des *relaciones*, gracieux symbole de l'intime lien qui doit toujours rattacher les époux l'un à l'autre.

Quelque temps après son mariage, la Reine se rendait au Prado, conduisant ses chevaux elle-même, lorsqu'un homme du peuple, sortant de la foule qui était plus compacte que d'habitude, vint les retenir par la bride en criant : « Vive la Reine ! vive la liberté ! » Sa Majesté s'arrêta et lui dit avec le plus grand sang-froid : « Oui, la liberté ; eh bien, laissez-moi libre de continuer ma promenade. » A ces mots, ce fut une ovation populaire, des couronnes, des bouquets, des harangues. On couvrit la voiture d'une pluie de fleurs, on fit partir sur son passage des colombes enrubanées. Mais bientôt les vociférations populaires prirent un caractère plus grave et plus significatif. On entendit la foule crier à tue-tête : « Mort aux modérés ! Mort au Roi ! Vive la Garde nationale ! » A ce moment, un coup de feu partit d'un groupe, et un agent de l'autorité fut blessé. Au bout de quelques jours, la Reine, qui n'avait pas cessé de sortir, passait dans la rue d'Alcala, lorsque deux coups de feu se firent entendre, partant d'une berline qui stationnait auprès, et la Reine sentit passer devant son visage quelque chose qui la brûlait. Ces tentatives venaient du parti démagogique, qui depuis quelque temps faisait des progrès alarmants. Une société secrète s'était formée sous le nom de club de la Jeune Espagne. Etablie à Madrid, elle avait des ramifications dans toute la péninsule. La direction s'appelait la Grande-Planète et avait sous elle des associés nommés Satellites.

Ces Satellites étaient en rapport avec d'autres associés nommés Étoiles fixes; après les Etoiles venaient les Facettes, puis les Rayons et enfin les Étincelles. Dans les provinces brillaient les Planètes de second ordre. Le nombre des associés était de 38 166 individus. Chacun d'eux payait une quotité mensuelle de réaux, pour les frais et les travaux de cette société, dont le but était d'obtenir les résultats suivants : vraie liberté civile et religieuse et souveraineté nationale dans toute son extension; égalité légale positive; destruction complète de tous les abus sociaux; plus de Roi, même constitutionnel, mais une constitution entièrement démocratique; le Don devait être supprimé, et il ne devait plus y avoir d'autre noblesse que celle du savoir et du talent. Les meneurs du parti cherchèrent à soulever les six mille étudiants de Madrid, mécontents à cause de l'augmentation des droits d'inscription; quelques désordres eurent lieu; on en fut quitte pour des pantalons déchirés et des chapeaux enfoncés. La masse garda une attitude calme, et se contenta d'exposer respectueusement ses plaintes au gouvernement.

Cependant la Reine venait d'accoucher d'une princesse, et se disposait le 2 février 1852 à faire sa première sortie, pour accomplir un pèlerinage d'actions de grâces à Notre-Dame, à l'occasion de son heureuse délivrance.

Un soleil aussi vif qu'au mois de juillet éclairait la capitale, qui avait un air de fête. Partout les fenêtres et les balcons étaient tendus de riches étoffes armoriées; des dames en élégantes toilettes attendaient avec impatience le passage du cortége. A une heure, la Reine tenant dans ses bras la princesse royale, remontait à ses appartements, de la chapelle du château où elle était allée faire quelques prières. Au sortir du saint lieu, un homme d'une haute stature, le front couronné de rares cheveux blancs, revêtu d'un habit de prêtre, s'approcha de la Reine, tira d'une gaine de fer un poignard, et frappa. La fine lame à jour pénétra au-dessous de la dernière côte; la Reine poussa un cri : « Sauvez ma fille ! » remit la princesse entre les mains du roi et s'évanouit. Croyant avoir réussi, l'assassin s'écria avec un accent féroce : « Tiens, en voilà assez. » Il allait être immolé à l'indignation générale, lorsque Isabelle, revenant à elle, demanda grâce pour lui : « Ne le tuez pas à cause de moi, » dit-elle. Noble cœur de Reine et de femme, qui avant de penser à elle songe à sauver d'un châtiment mérité ses plus cruels ennemis! Pendant ce temps, le coupable était assis avec une brutale indifférence, près d'un brasero. Aux questions qu'on lui fit, il répondit tranquillement : « Je suis don Martin Merino, ecclésiastique d'état, âgé de soi-

xante-trois ans ; je ne suis attaché à aucune paroisse ;
je vais de l'une à l'autre comme un saltimbanque. »
Cette froide scélératesse dans un homme de sa robe
avait quelque chose de plus repoussant encore. Mérino
n'est malheureusement pas le seul prêtre qui ait prêché
la charité un poignard à la main.

Ces tentatives d'assassinat des partisans de la dé-
mocratie ou de don Carlos, les efforts que faisaient
les mauvais citoyens pour ramener la guerre civile,
les luttes des ministres jusqu'au pied du trône pour
s'arracher la présidence du conseil, rien ne troublait
la sérénité d'Isabelle, rien ne l'empêchait de réorganiser
la marine et l'armée, d'activer les grands travaux publics, d'augmenter le bien-être de son peuple et de faire
respecter le nom de l'Espagne à l'étranger.

Guerre du Maroc

Lorsque Boabdil, dernier roi de Grenade, dit M. de
Châteaubriand, fut obligé d'abandonner le royaume
de ses pères, il s'arrêta au sommet du mont Padul.
De ce lieu élevé on découvrait la mer où l'infortuné

monarque allait s'embarquer pour l'Afrique. On aper-
cevait aussi Grenade, la Véga et le Xénil, au bord
duquel s'élevaient les tentes de Ferdinand et d'Isabelle.
A la vue de ce beau pays et des cyprès qui marquaient
encore çà et là les tombeaux des musulmans, Boabdil
se prit à verser des larmes. La sultane Aïxa, sa mère,
qui l'accompagnait dans son exil avec les grands qui
composaient jadis sa cour, lui dit : « Pleure maintenant
comme une femme un royaume que tu n'as pas su
défendre comme un homme. » Ils descendirent de la
montagne, et Grenade disparut à leurs yeux pour toujours.

Les Maures d'Espagne qui partagèrent le sort de leur
roi, se dispersèrent en Afrique. Les tribus des Zégris
et des Gomèles s'établirent dans le royaume de Fez,
dont elles tiraient leur origine. Les Vanégas et les
Alabès s'arrêtèrent sur la côte depuis Oran jusqu'à
Alger; enfin les Abencerages se fixèrent dans les environs de Tunis. Ils formèrent, à la vue des ruines de
Carthage, une colonie que l'on distingue encore aujour-
d'hui des Maures d'Afrique par l'élégance de ses
mœurs et la douceur de ses lois. Ces familles portèrent
dans leur patrie nouvelle le souvenir de leur ancienne
patrie. Le paradis de Grenade vivait toujours dans leur
mémoire; les mères en redisaient le nom aux enfants

qui suçaient encore la mamelle. Elles les berçaient avec les romances des Zégris et des Abencerages. Tous les cinq jours, on priait dans la mosquée en se tournant vers Grenade. On invoquait Allah, afin qu'il rendît à ses élus la terre de délices. En vain le pays des Lotophages offrait aux exilés ses fruits, ses eaux, sa verdure, son brillant soleil; loin des tours vermeilles, il n'y avait ni fruits agréables, ni fontaines limpides, ni fraîche verdure, ni soleil digne d'être regardé. Si l'on montrait à quelque banni les plaines de la Bagrada, il secouait la tête et s'écriait en soupirant : « Grenade ! » Aussi, pendant le cours des temps modernes, quand la plupart des puissances maritimes de l'Europe avaient conclu des traités particuliers avec la Barbarie pour se préserver de ses corsaires, l'Espagne seule était perpétuellement en guerre avec les Africains. D'aucun côté on n'oubliait. Les Espagnols avaient à venger d'anciennes injures; les Maures se rappelaient les terribles représailles exercées contre eux au mépris des traités. De là ces luttes acharnées, plus sanglantes que profitables. Après des sacrifices immenses en hommes et en argent, les Espagnols avaient fini par posséder dans le Maroc quatre ou cinq villes seulement : Penon de Velez, Melilla, la petite ville d'Alhuzema et la place de guerre de Ceuta, amas de bastions, de redoutes et de créneaux, qui donne au voyageur une haute idée de la force des anciens établissements espagnols.

Le 25 août 1859, pendant que la garnison de Ceuta construisait une caserne sur les limites de son territoire, des masses considérables de Maures accoururent, qui se ruèrent contre les travailleurs, assassinèrent les sentinelles, rasèrent les murs du fort, et après avoir traîné dans la boue l'écusson d'Espagne, dirigèrent contre la ville un feu si bien nourri que pendant trois jours la garnison fut impuissante à les repousser. Les assaillants appartenaient à la tribu d'Emggera, et descendaient de cette race mauresque qui fut chassée d'Espagne par l'Inquisition. Chez eux, le fanatisme est toujours vivace; chaque famille conserve comme un objet sacré les clefs de la maison qu'elle habitait à Murcie ou à Séville, et tous ses membres ont juré sur ces reliques une haine éternelle aux Espagnols. On n'eut pas plus tôt appris cette violation du droit des gens, qu'il se fit en Espagne une subite révolution. Le peuple qu'on croyait épuisé par de longues guerres civiles, retrouva tout à coup l'esprit des anciens jours. Toutes les classes de la société, tous les partis s'unirent dans une même pensée, et ce ne fut partout qu'un cri de guerre contre les infidèles. Depuis 1830, l'entente la plus parfaite avait toujours régné entre l'Espagne

et la France. Après la chute de Louis-Philippe et l'a-
vénement de Napoléon III, de nouveaux liens avaient
remplacé les liens du sang. L'impératrice est Espagnole, et quoique Française de cœur, elle a conservé
le plus doux souvenir de sa terre natale. Aussi, lorsque
en 1855 les cantons ruraux de la province de la Co-
rona furent envahis par les eaux, considéra-t-elle pour
elle-même comme un devoir sacré de venir en aide
aux souffrances de ses compatriotes. Elle envoya aux
inondés la somme de quarante mille réaux sur sa
cassette privée. De son côté, l'Empereur rendit à la
reine Isabelle et au pays un service signalé en faisant
exercer par son administration et ses troupes la plus
sévère surveillance à la frontière, lorsqu'on tenta, dans
ces dernières années, de relever l'étendard brisé de
don Carlos et de rallumer le feu de la guerre civile.
Dans le même temps que les Maures attaquaient Ceuta,
ils attaquaient aussi nos possessions algériennes. Cette
identité momentanée de situation et d'intérêt, la présence à Madrid du duc de Malakoff, l'offre faite par
Napoléon à Isabelle de quelques vaisseaux de transport,
firent craindre aux Anglais, toujours inquiets pour
leur Gibraltar, une alliance dangereuse de l'Espagne
et de la France. Ces insulaires ombrageux voulurent
imposer leurs exigences; le ministère espagnol refusa

nettement de se lier les mains; et tout en proclamant qu'il n'allait pas faire une guerre de conquête, mais seulement obtenir la juste réparation des insultes qui lui avaient été faites, en usant des moyens dont les autres nations se sont constamment servies dans des cas semblables, il renvoya fièrement les notes qu'il croyait offensantes pour sa dignité, et garda en face de la Grande-Bretagne comme en face du Maroc l'attitude la plus ferme. On activa les préparatifs de guerre; une levée spéciale de dix mille hommes fut destinée à l'armée d'Afrique; à la marine déjà forte en vaisseaux à voiles, en corvettes et en bâtiments de moindre dimension, qui présentait en outre un effectif de onze frégates à hélice, de dix-neuf frégates armées de cinquante canons, et d'un vaisseau de ligne nouveau, le *Prince-des-Asturies*, on joignit une frégate blindée, et vingt-quatre chaloupes canonnières furent construites dans le port de San-Fernando. Une notification officielle déclarait en même temps le blocus des ports de Tanger et de Tétuan. Le clergé fit oublier à l'occasion de cette croisade nationale sa conduite équivoque ou coupable pendant la guerre civile. Il se mit à la tête du mouvement, et fit passer son enthousiasme dans les villes et dans les campagnes, bénissant les bannières, exhortant les soldats, offrant même de sacrifier dix pour cent sur ses émoluments, pour supporter sa part du fardeau de la guerre. Les missionnaires de Tanger vinrent se mettre au service de la Reine comme interprètes et infirmiers; les évêques lui envoyèrent des adresses dans lesquelles ils mettaient à ses pieds leur fortune et leurs personnes. Chacun cédait à l'entraînement de cette guerre populaire.

Le 19 novembre, le maréchal O'Donnell, commandant en chef de l'armée espagnole, aborda en Afrique par une mer orageuse. Lorsqu'on sort de Ceuta pour se diriger vers le Maroc, on voit à sa droite la Méditerranée, avec les rochers de Gibraltar dans le fond, à sa gauche, le cap Negro et Tétuan, et en face à l'horizon la Sierra Bullones, qui forme la limite d'une série de vallons et de rochers. Serrallo, monticule ombragé de chênes liéges, est la première hauteur entre la Sierra et l'entrée de la ville. C'est là que le maréchal posa son camp, protégé par des redoutes établies sur les points les plus élevés, la maison du Renégat et les ruines de l'ancienne Ceuta. En se mettant à la tête des troupes, pour prendre énergiquement l'offensive, il adressa aux Marocains la proclamation suivante :

« Habitants du Maroc, en pénétrant dans votre pays, nous ne serons ni vos tyrans ni vos ennemis. Votre empereur, qui nous a refusé justice, nous a forcés de recourir aux armes pour l'obtenir. C'est lui qui a brisé la généreuse amitié que l'Espagne vous accorda toujours.

» Ne craignez pas toutefois que nous abusions de notre triomphe et de votre soumission. Les soldats espagnols sont toujours généreux dans la victoire. Votre soumission vous donnera droit à notre considération et à notre amitié.

» Livrez-vous avec confiance à vos travaux ordinaires; je vous promets l'aide et la protection de mes soldats, je vous promets que votre religion et vos coutumes seront respectées par tous.

» Le soldat espagnol, fidèle à sa reine et à sa patrie, n'est terrible qu'au moment du combat. »

Jusqu'alors il n'y avait eu que des escarmouches sanglantes, mais sans résultats. Pas un jour ne s'était passé sans qu'on brûlât des amorces contre des ennemis, rapides comme l'éclair, en petit nombre, mais insaisissables. Chaque hauteur garnie de rochers devenait pour le tirailleur marocain un retranchement, d'où, invisible à tous les yeux, il faisait feu sur les sentinelles. Le point où il s'embusquait était-il déboisé, il se couchait à plat ventre derrière un pli de terrain, pour charger son arme, levait la tête, faisait feu et disparaissait comme un fantôme. Parfois une grenade venait éclater au milieu d'un groupe qui se dispersait aussitôt, et dont les cavaliers couraient chercher un abri dans les bosquets voisins, pour revenir bientôt à la charge. Ainsi s'écoulaient les jours pluvieux de la fin de novembre, dans de continuelles alertes.

Le 15 décembre, au petit jour, on célébrait au camp espagnol une messe des morts, pour le repos de l'âme de ceux qui avaient succombé dans la campagne ; on entendit soudain un feu de mousqueterie à l'aile gauche : quinze mille ennemis se précipitaient en poussant de grands cris. Leur cavalerie fit une charge à fond de train, mais se replia sur-le-champ devant une fusillade bien nourrie. Sur d'autres points elle fut foudroyée par des batteries de canons rayés qui se démasquèrent à propos, et tirèrent avec succès. Opérant une retraite précipitée, l'ennemi disparut par des sentiers où il paraissait impossible qu'on pût passer à cheval. On s'était battu depuis le point du jour jusqu'à midi ; mille cinq cents hommes de l'armée marocaine restaient sur le champ de bataille.

Le 20, dans l'après-midi, huit mille Maures se présentèrent à la droite, occupant les bois et les hauteurs. Vingt pièces d'artillerie lancèrent aussitôt contre eux leur mitraille et semèrent l'épouvante et la mort dans leurs rangs. D'un autre côté, à gauche, en même temps, le général Ros repoussait vigoureusement un corps d'assaillants composé de mille cavaliers et de deux cents fantassins.

Les jours suivants se passèrent en reconnaissances de la plage de Tétuan, où l'on devait tenter un débarquement.

Le 25 au matin, on s'avançait vers cette ville, en suivant le bord de la mer; la route se remplit tout-à-coup de cavaliers maures. Le général Quesada, à la tête des chasseurs de Barcelone et d'Afrique, soutint le feu de l'ennemi jusqu'au moment où, profitant d'un mouvement en avant que venaient de faire les Marocains, il parvint à les couper entièrement. Alors s'engagea une mêlée furieuse, un combat corps à corps, dans lequel le bataillon de Barcelone se couvrit de gloire.

Après des journées passées au feu, au milieu d'un camp inondé toutes les nuits par des pluies torrentielles, et désolé par un vent infernal, qui souvent ne laissait pas une tente debout, au sein de toutes ces misères, le soldat espagnol conservait sa verve, sa gaîté, son insouciance. Les quartiers retentissaient de joyeuses andalousiades. Cavaliers et fantassins dansaient parfois ensemble le fandango national, au son de la guitare, au milieu des applaudissements et de l'hilarité générale; ou bien, sous la tente, après le repas du soir, chacun chantait à la ronde ces gais refrains espagnols où l'on entend toujours des bruits de tambourin et des échos de castagnettes.

On était au commencement de janvier. A une heure et demie de la dernière fortification, des têtes de colonne, s'avançant sur la route de Tétuan, arrivèrent à un endroit nommé Castillejos, du nom de ruines qui s'élèvent au bord de la mer, dans une plaine bornée au nord par des hauteurs qui vont en mamelons jusqu'à la Sierra Bullonés, à l'est par les restes de Castillejos et un marabout abandonné, à l'ouest par un autre marabout et des plaines cultivées, au sud par la mer. Sur la crête des hauteurs, des groupes de tirailleurs et des Maures isolés commencent à inquiéter la marche. Le général Zabala les chasse de hauteur en hauteur, jusqu'à une montagne pelée, d'un accès difficile, et là l'ennemi se renforce, appelant à lui tout un campement maure qui était établi sur un monticule, à l'extrémité d'une gorge débouchant dans la plaine de Castillejos. Le général Prim tente alors un mouvement combiné. Les deux escadrons des hussards de la Princesse, commandés par le marquis de Fuente Pelago, devaient entrer par la gorge et pénétrer jusque dans le camp ennemi, pendant que le général Prim attaquerait à la baïonnette la hauteur qui commandait la position.

En admettant que ces mouvements bien exécutés réussissent, la jonction s'opérait et le camp était enlevé. L'assaut fut donné sous un feu terrible, en face d'obstacles nouveaux à chaque pas. Tantôt c'étaient des quartiers de rochers qui roulaient avec un fracas épouvantable; tantôt une grêle de projectiles, avec un terrain miné sous les pieds. Les Maures avaient pratiqué trois fossés, larges, profonds, recouverts de terre et de branchages; les premiers soldats tombèrent dans le piége, les autres franchirent cette tranchée, frémissants, escaladèrent les rochers à pic, et le camp fut forcé. Le lendemain, au point du jour, le drapeau espagnol flottait à l'ouest de la plaine de Castillejos, dont le passage était libre désormais, et toute l'artillerie du corps d'armée qui était en marche, venait déployer ses parcs dans cette arène encore labourée par la charge héroïque des hussards.

Les jours qui suivirent furent des jours d'affreuse tempête, où l'escadre manqua périr. Le 16 enfin, le temps permit à l'armée de mer de coopérer activement à la guerre. A six heures du matin, le Commandant naval se mit en mouvement, avec les navires de guerre et de transport; à huit heures il entre dans la rivière de Tétuan et envoie à terre des troupes de la marine, qui s'emparent sans coup férir des forts qui en défendent l'embouchure. Pendant ce temps, les canonnières pénétraient dans la rivière, et avec les gardes-côte sous les ordres du capitaine de frégate Regada, s'effectuait le débarquement de la division Ros, qui fut exécuté en deux heures.

Dès lors, toutes les forces étant réunies, la marche de la guerre fut rapide.

Le 23 janvier un drapeau tomba entre les mains des Espagnols. Il fut envoyé au jeune Prince des Asturies, à l'occasion de l'anniversaire de sa naissance. C'était une glorieuse et courtoise manière de rendre à la Reine et au Roi les drapeaux qu'ils avaient donnés à l'armée. Ces deux drapeaux avaient été bénits dans la chapelle royale; brodés avec un art exquis, ils représentaient, celui de la Reine, d'un côté l'Immaculée Conception, de l'autre les armes d'Espagne; et celui du Roi, d'un côté les vénérables images de Notre-Dame de l'Oubli, du Triomphe et de la Miséricorde, et de l'autre un crucifix. Plus d'une fois, pendant la cérémonie, les yeux de la reine Isabelle s'étaient mouillés de larmes, à la pensée que ces drapeaux étaient destinés à conduire ses braves soldats à la mort. Son front se relevait avec confiance et fierté, maintenant qu'elle recevait en échange de ses dons des gages de victoire.

On était aux derniers jours de janvier. Après le passage du cap Negro, la vraie clef de Tétuan, le point où les Maures auraient dû mourir jusqu'au dernier, on trouva deux redoutes; l'une est enlevée par les carabiniers, l'autre par le bataillon de Tolède. Les Maures se retirent de hauteur en hauteur, jusqu'aux marécages qui sont aux portes de Tétuan.

Devant les yeux de l'armée se déroule un océan de verdure; on aperçoit des points gris dans la plaine, ce sont les Maures avec ces chevaux noirs qui fuyaient si vite quand ils voyaient la fumée et l'éclair qui précèdent le tonnerre. Enfin, voilà Tétuan; blanche comme une fiancée, elle étincelle au soleil, et ses deux minarets semblent deux épingles de filigrane que la coquette a plantées dans ses tresses. Le canon gronde, et la fiancée tremble de peur.

Depuis le fort Martyn jusqu'à la douane, on marche péniblement sur un terrain fangeux. A partir de ce dernier point le sol est plus ferme, les flaques d'eau s'étendent seulement à la surface, et l'artillerie peut faire circuler librement ses pièces et ses caissons. O'Donnel établit son camp sur les hauteurs qui dominent la ville, et le fortifia de manière à mettre ses troupes à l'abri de toute surprise. Une redoute armée de vingt canons fut construite pour commander la vallée; on pratiqua tout autour de l'enceinte de larges et profonds fossés, des batteries en terre, garnies de canons rayés complétèrent avec des retranchements formidables le système de défense du camp espagnol.

Plusieurs bataillons étaient occupés à la construction d'une redoute, en face du campemènt des Marocains; ils étaient protégés par deux escadrons de cuirassiers. Cavaliers et fantassins arabes arrivèrent en si grand nombre vers midi, que toute la cavalerie espagnole reçut l'ordre de courir sur le lieu du combat. C'est dans ce moment, que le jeune comte d'Eu, officier d'ordonnance du maréchal O'Donnel, voyant les lanciers exécuter une charge, pique des deux et fond sur les Arabes qu'il poursuit jusque dans leurs retranchements. Le maréchal, témoin de cette furia toute française, remit sur le champ de bataille, au fils du duc de Nemours, en présence de toute l'armée, la croix de Saint-Ferdinand.

Le 31 janvier au matin, l'armée marocaine, sous les ordres supérieurs du frère de l'Empereur Muley Ahmet, se déroula dans la plaine et vint offrir la bataille. La cavalerie était à droite, au pied des montagnes, l'infanterie à gauche, sur l'autre rive du Guad-el-Gelu. En même temps, l'armée espagnole sortait de son camp et venait développer ses lignes en face des lignes ennemies. Les divisions Rios et Ros occupaient la gauche.

Le général Prim commandait l'aile droite. Au centre grondait l'artillerie. La plus grande partie de la cavalerie, cachée derrière une hauteur, sur la droite, attendait que les masses ennemies fussent ébranlées pour donner dans leurs flancs et assurer la victoire. Tout annonçait une journée décisive, le sort de Tétuan allait se jouer en une seule et sanglante partie. La bataille s'engagea par des guérillas. Chaque cavalier, décrivant un grand cercle avec son cheval, venait rapidement passer devant le front des troupes en déchargeant son arme. Le nombre de ces tirailleurs grossit peu à peu. Quand la masse en fut devenue assez compacte, les cuirassiers chargèrent à droite, pendant que l'artillerie forçait les ennemis, par une grêle de mitraille et de boulets, ou bien à s'échapper à droite où la cavalerie les attendait, ou bien à reprendre la route du campement de la plaine où d'autres forces se préparaient à les charger aussi. La plus grande partie se répandit vers la droite. Alors, les cuirassiers se précipitent malgré le sol mouvant qui se dérobe sous leurs pas. Une mêlée furieuse s'engage. Des chevaux arabes sans cavalier viennent se jeter tête baissée au milieu des bataillons de réserve. Ce n'est plus qu'un tourbillon où l'on voit pêle-mêle les kaïks rouges et les burnous blancs des Marocains confondus avec les habits bleus des cuirassiers. Cependant, l'armée espagnole triomphait sur toute la ligne. L'épouvante fut à son comble chez l'ennemi, quand la cavalerie de la division Prim s'élança à son tour à la poursuite des fuyards. Ce fut un sauve-qui-peut général. Les Maures pourchassés se retiraient de hauteur en hauteur devant la charge à la baïonnette des bataillons, qui de la pointe la plus élevée de la Cordilière saluaient leur Reine par des cris enthousiastes, contemplant d'un seul regard leur glorieuse patrie, le pays qu'ils venaient de conquérir et les deux mers. Le bataillon des volontaires catalans, nouvellement arrivé au camp, se couvrit de gloire dans cette rencontre.. On voyait leur bonnet de laine rouge, leur veste à revers en drap grossier, leur ceinture écarlate, dans toutes les positions avancées et dangereuses. Ce corps héroïque perdit dans cette seule journée la moitié de son effectif. L'ennemi laissait trois mille morts sur le champ de bataille.

Le 5 février, en face de menaces terribles de la part du maréchal O'Donnel, la ville se rendit à discrétion. Les Kabyles et la garde noire, en se retirant, l'avaient mise à feu et à sang. Aussi les Espagnols y furent-ils reçus par la population urbaine plutôt en sauveurs qu'en vainqueurs. Les Juifs baisaient les étriers des généraux et des officiers, le commerce envoyait des députations pour leur faire fête. L'aspect de la ville

était profondément triste ; ce n'étaient que maisons
pillées et cadavres étendus dans les rues, au milieu de
mares sanglantes. Les clefs de la ville furent présentées
à genoux au comte de Lucena, et à dix heures du matin
le drapeau espagnol flottait sur les murs de la Casbah.
Mais le peuple indomptable protestait contre cette red-
dition. Pour lui, la cité sainte avait été violée par les
mécréants. Retiré dans la montagne avec son espingarde
et sa goumia, il traine son fils par la main, et du
haut de la cime la plus élevée, lui montre la bannière
espagnole et lui dit ; « Tu reconnaitras ces couleurs
pour les maudire. » C'était là qu'après avoir pris cent
canons à l'ennemi et avoir décimé son armée dans douze
combats heureux, l'armée espagnole s'arrêtait triom-
phante, attendant qu'on vint s'humilier et réparer en
se mettant à la merci du vainqueur l'injure faite à son
écusson.

Enfin, le 25 mars, on vint demander un armistice
et signer les préliminaires de la paix, qui fut conclue
à Tétuan le 26 avril. Les Marocains garantissaient aux
Espagnols leurs possessions avant la guerre, et en
payaient tous les frais, moitié comptant ; l'autre moitié, s'élevant à deux millions de piastres, vient d'être
payée dans les premiers mois de 1861. Quelques jours
après, la Reine recevait l'ambassade marocaine, com-

posée de l'ambassadeur Sid Eschardi, de deux Kalifes ou chefs militaires et de quatre Caïds. Des voitures de la maison de la Reine les amenèrent au palais. Après avoir fait trois profonds saluts à distances égales à partir de la porte, l'ambassadeur parla en ces termes à Sa Majesté : « Gloire à Dieu unique, son royaume seul est éternel. Nous vous rendons un juste hommage, Sultane magnifique, honorée, respectée, éclairée, intelligente et estimée, qui tenez les cœurs en esclavage par votre bienveillance, accordant à celui qui vous implore la grâce demandée et souhaitée. Notre maître et seigneur le sultan Sidi Mohamed, occupant le trône impérial de ses religieux ancêtres, suivant leur exemple, m'a envoyé auprès de Votre Majesté avec une suite, dans le but de renouer les relations les plus amicales avec l'Espagne. Voici entre mes mains l'auguste écrit qu'il vous adresse. Il y porte à votre connaissance que vous occupez dans son cœur une grande place, que vous y êtes en première ligne, et que les enfants ont hérité de l'affection des pères. Depuis le jour de notre entrée dans votre royaume, on n'a cessé de nous accorder une splendide hospitalité; nous vous en rendons sincèrement grâce. » Et à ces mots, il remit à Sa Majesté la lettre de créance de l'Empereur, dans un portefeuille de velours brodé d'or, pendant que les gens de la suite déposaient aux pieds du trône des cassettes en bois précieux contenant les présents du sultan. A la même époque, le chargé d'affaires de Tanger était installé dans sa résidence, avec les plus grands honneurs, et les troupes de l'expédition d'Afrique, campées depuis quelques jours à Los Carabancheles, là même où la mère de notre Impératrice a son château, pliaient leurs tentes, et entraient en triomphe à Madrid, ayant à leur tête leur illustre chef, le maréchal O'Donnel, créé duc de Tétuan. Une médaille commémorative de la campagne vient d'être distribuée à tous les soldats. Ils y lisent d'un côté leurs victoires, de l'autre côté ils y retrouvent l'effigie de leur auguste Reine.

Pendant que tous les regards étaient tournés vers la plage africaine, on apprit tout à coup que le fils de don Carlos, le comte de Montémolin, venait de débarquer à la Rapita avec une poignée d'aventuriers. Il brûle ses vaisseaux et s'avance dans le pays classique du carlisme, appuyé par le général Ortega. On s'émeut; mais on apprend en même temps que pas un homme n'a voulu le suivre, que personne ne lui a offert un abri, que personne même ne s'est dévoué pour le conduire à la frontière par des voies secrètes. Prisonnier à Tortosa, il renonce à ses droits illusoires, sans qu'on donne à cette renonciation la moindre importance.

Prince courageux, mais téméraire, il avait cru trouver les places dégarnies à l'occasion de la guerre d'Afrique, et par un audacieux coup de main, à la manière de Garibaldi, conquérir une couronne. Comme les autres princes de sa famille et de son principe, il ne s'était pas préoccupé de cette opinion publique qui fait et défait les souverains. Il n'avait pas songé que tous les cœurs, tournés vers Isabelle, qui rendait en ce moment même à l'Espagne son antique gloire militaire, armeraient mille bras, dans l'enceinte des villes et dans les campagnes, pour défendre son trône menacé. Le pardon succéda à l'emprisonnement, parce que le pardon est dans le cœur de la Reine, dans le sentiment de tous les hommes qui, en Espagne comme ailleurs, ont arboré le drapeau constitutionnel. Aujourd'hui, le prétendant est mort depuis quelques mois sur une terre étrangère; la cour porte son deuil. Ainsi viennent de se briser d'elles-mêmes, contre la gloire d'Isabelle II et la fermeté de son gouvernement libéral, les dernières illusions d'un parti expirant. C'est ce que prouvait le marquis de Miraflores, dans la séance du sénat du 14 juin 1860, où a été repoussé le manifeste de don Juan de Bourbon, troisième fils de don Carlos.

« Le sénat, disait-il, se rappelle, car elle est écrite en lettres de sang dans nos fastes, la guerre fratricide dans laquelle fut entrainé le pays, par les prétentions de l'infant don Carlos, arborant la bannière de son meilleur droit, et écrivant au-dessous : Monarchie absolue. Après le triomphe de la Reine, don Carlos, désespérant du succès, abdiqua ses prétendus droits en faveur de son fils ainé. La nation espagnole attacha à cette abdication aussi peu d'importance que le sénat lui-même. Cependant, le comte de Montemolin voulut vaincre ou périr, en faisant un effort désespéré pour reconquérir ce qu'il appelait le trône de ses pères, et reconstituer à l'aide du suffrage l'Espagne des rois très-catholiques. Il échoua et renonça à toutes ses espérances et à tous ses droits. Mais si cette renonciation n'a pas attiré l'attention du gouvernement, l'étrange prétention de don Juan de Bourbon ne pouvait pas, ne devait pas la fixer davantage. On ne comprend pas en effet que le troisième fils de don Carlos, alors que celui-ci a abdiqué ses droits, et quand ses frères y ont renoncé, vienne aujourd'hui les revendiquer à titre de droits de famille. Que don Juan n'invoque pas la légalité; les lois anciennes et modernes du pays sont toutes contre lui. Qu'il compte sur la Providence, à la bonne heure; mais la Providence est juste : elle favorisera la Reine que recommandent sa bonté, sa générosité, et que je me fais un devoir d'exalter aujourd'hui. Il espère aussi dans la raison du peuple espagnol. Est-ce que le peuple espagnol, par hasard, ne sait pas comparer les situations? Ne peut-il pas comparer son sort sous ce règne à ce qu'il serait sous le sceptre despotique de l'autre branche? La nation fut-elle jamais plus riche, plus prospère, plus morale? « Nous prêtons donc serment sur les Evangiles et devant l'image du Christ crucifié, d'exécuter la Constitution et de garder fidélité et obéissance à la Reine légitime. » Ainsi se trouve consolidé à tout jamais le souverain pouvoir dans les mains d'Isabelle II, digne héritière d'Isabelle-la-Catholique.

PARALLÈLE

Maintenant, comparons Isabelle II et Isabelle-la-Catholique.

L'une nous est arrivée, grandie par la distance, environnée d'un prestige légendaire, rehaussée de toute la gloire de ses successeurs. L'autre est encore pleine de vie et de jeunesse; elle est de notre siècle et vit parmi nous. On ferme les yeux sur les merveilles du jour, pour s'extasier sur le moindre fait extraordinaire des temps passés; ainsi va l'esprit humain. De plus, la France est pleine de réfugiés, hommes de parti, qui ne pardonnent pas à la Reine constitutionnelle d'avoir triomphé de leurs tendances absolutistes et rétrogrades, et vont, seule vengeance qui leur reste, la poursuivant partout de leurs critiques malveillantes et rapetissant tout ce qu'elle peut faire de grand, avec le dépit de l'ambition déçue et l'amertume de l'exil. Ne nous laissons donc pas aller à porter un jugement dicté d'avance par une foule ignorante ou égarée; interrogeons les faits dans leur éloquente nudité, et nous pourrons formuler alors une opinion.

Les deux Reines ont vécu dans des temps bien différents; les circonstances au milieu desquelles s'est écoulée leur vie ne sont pas absolument semblables, les difficultés qu'elles ont eu à vaincre ne sont pas tout à fait les mêmes.

Isabelle Ire vivait au moyen âge, au moment où les petits royaumes d'Espagne tendaient à se confondre dans un vaste ensemble. Ils avaient un lien commun, la religion et la haine des infidèles. Or, la religion était alors la grande idée générale, seule capable de remuer le monde. Isabelle Ire avait pour elle la légitimité et la voix du peuple, ces deux éléments constitutifs de la souveraineté. Elle était brillante de jeunesse et s'appuyait au bras d'un époux digne d'elle, souverain espagnol puissant, guerrier et politique. La nation lui était dévouée comme à la fille de ses rois et à l'élue de son choix, puisqu'elle avait obligé son frère à la nommer de son vivant princesse des Asturies, héritière présomptive de la couronne, en face d'une fille de la Reine, dont la Castille ne voulait à aucun prix, parce qu'elle la regardait comme illégitime. Isabelle Ire n'eut donc en montant sur le trône qu'à triompher du petit parti de Jeanne la Bertranella. Et de qui se composait ce parti? De quelques courtisans amis d'un ancien favori, hommes de plaisir, sans véritable consistance, détestés comme lui-même. Jeanne avait bien un protecteur plus puissant, son oncle et fiancé Alphonse V, roi de Portugal; mais il lui fut plus nuisible qu'utile. Ce fut aux yeux des fiers Castillans un grief de plus contre la Bertranella, d'avoir appelé à son secours des bras étrangers. L'armée portugaise, dans son invasion, vécut sur le pays et ne respecta rien. Dès lors, la querelle de famille se changea en guerre nationale. Les indifférents allèrent grossir les rangs de l'armée royale pour défendre la patrie; le nom de Jeanne fut maudit, et Isabelle Ire saluée comme un sauveur plus encore que comme une reine. Ces faits ne sont pas douteux quand on lit les représailles terribles qu'exercèrent sur l'armée portugaise les paysans de Castille, après sa défaite à Toro, et l'enthousiasme général qui accompagna la nouvelle de cette victoire décisive. Le parti de l'opposition avait si peu de racine dans le pays, que, une fois l'armée de Portugal détruite, il ne put relever la tête : il avait été tué d'un seul coup. Isabelle II fut reine au berceau. Elle avait pour elle le testament de son père, la puissance des idées libérales, le dévouement des Cortès; elle avait surtout pour elle sa mère, femme de cœur et de tête, qui ne négligea rien pour laisser à sa fille, lorsqu'elle serait majeure, un trône solidement rétabli. Mais elle était femme et régente, et à ce double titre exposée à de vives attaques, entourée de dangereuses séductions, surtout quand on songe qu'elle avait en face d'elle un beau-frère dans la force de l'âge, nourri dans les conspirations, qui pendant le règne précédent avait travaillé l'Espagne en sa faveur, qui s'appuyait sur un clergé redoutable, et affichait une prétendue légitimité. Joignez-y les mécontents, les gens hors la loi, les amis du désordre et du pillage, et cette lie du peuple qui prête si volontiers son concours à l'émeute des rues ou à la guerre des bois, hommes sans principes, mais hommes de résolution, d'autant plus dangereux qu'ils sont habitués aux coups de main et qu'ils n'ont rien à perdre. Le parti clérical et rétrograde, qui en France n'est plus guère qu'un corps sans âme, avait tant de force en Espagne, que, malgré les succès presque continuels de l'armée royale, toujours battu, il n'était jamais soumis, et l'hydre de la guerre civile était sans cesse renaissante.

Les deux Reines reçurent une éducation bien différente. Isabelle Ire, retirée avec sa mère dans la petite ville d'Arevalo, fut élevée comme une personne privée de distinction. Loin de la capitale, elle partageait son temps entre l'étude, les exercices religieux et la pratique de toutes les vertus. Les bruits licencieux de la cour de son frère n'arrivaient à elle que comme de faibles échos. Elle apprenait comment on gouverne les peuples en lisant l'histoire des siècles passés, et en écoutant les leçons de sa mère. Isabelle II, au contraire, naquit dans la pourpre, au milieu du bruit des armes et de la guerre civile. Elle n'eut jamais le loisir de goûter les douceurs de la vie privée et fut en naissant mêlée à toutes les grandes affaires. Elle mettait à peine un pied devant l'autre, que déjà elle se rendait à la séance d'ouverture des Cortès et tendait sa main à l'hommage d'une cour. Inoffensive, elle avait à peine conscience des premiers battements de son cœur, que déjà le poignard des assassins tentait d'arriver jusqu'à elle. Elle grandissait ainsi, au milieu de dangers incessants, à la vue de toute l'Espagne. Isabelle Ire était une tendre fleur élevée à l'ombre de la solitude et du sanctuaire, loin de tout souffle malfaisant, cultivée avec amour par une main maternelle, bercée par de tièdes brises, rafraîchie de célestes rosées. Lorsqu'elle fut transportée plus tard sur un terrain plus vaste, en plein soleil et au grand air, elle avait acquis tout son développement, et pouvait porter sans plier la royale étiquette, dont la nation chargea sa tige. Isabelle II, comme un jeune aigle né sur un roc élevé miné par les vagues, à la face du ciel, dans un nid battu par tous les vents, n'ayant pour point d'appui dans l'espace que sa mère, fut obligée de raidir dès sa naissance ses petites ailes, et d'aguerrir son cœur contre les coups de la tempête.

On a fait à Isabelle Iʳᵉ un grand mérite de la prise de Grenade. On nous la montre armée de toutes pièces, dirigeant elle-même les opérations d'un long siége, entraînant les soldats sous ses pas, présidant à tous les détails de la vie d'un camp; nous ne pouvons lui refuser là notre juste admiration. Mais, quand nous voyons Isabelle II lutter pendant dix ans au milieu des horreurs de la guerre civile, menacée à l'extérieur par des armées ennemies, dans sa capitale par de continuelles émeutes, poursuivie jusque dans son palais, dans sa chambre à coucher, jusque dans son lit, par des balles, le cœur plus exposé au fer des meurtriers que la cotte de maille d'Isabelle-la-Catholique ne le fut jamais au cimeterre du Maure, atteinte même, et ne devant la vie qu'à la résistance d'une cotte de maille toute féminine; quand nous la voyons le point de mire des machinations perverses et contraires des partisans de l'absolutisme et de l'anarchie, et même des ambitions jalouses et rivales de ses sujets les plus dévoués; quand nous la voyons calme, sereine et digne au milieu de ces agitations, poursuivre tranquillement sa route en semant les bienfaits sur ses pas, nous l'admirons plus encore.

Isabelle Ire fut toute-puissante. Son frère avait usé mal du pouvoir absolu, elle en usa bien. Elle rétablit la sécurité dans le royaume en organisant une police sévère. Les ordres religieux militaires devenaient inquiétants et faisaient un obstacle à l'équitable distribution de la justice, elle confisqua leurs biens au profit de la couronne. Elle réorganisa l'armée, créa elle-même et laissa à l'Espagne cette formidable artillerie, la plus belle de l'univers, qui assura la victoire à ses successeurs sur tous les champs de bataille de l'Europe. Mais, pour faciliter sa tâche, elle intronisa l'Inquisition. Lorsque Isabelle II monta sur le trône, ce n'était déjà plus le temps du bon plaisir. Reine constitutionnelle, elle mit sa gloire à faire triompher la constitution en y obéissant la première, et à obtenir les plus grands progrès dans les limites de puissance qu'elle lui laissait. S'appuyant sur l'assemblée et la milice nationales, elle s'appliqua sans relâche à réformer les abus, quelque enracinés qu'ils fussent, et à donner à son peuple autant de liberté qu'il était possible d'en concilier avec le principe de l'autorité monarchique. Elle abolit l'Inquisition et les Jésuites. Complétant l'œuvre d'Isabelle-la-Catholique, elle supprima les couvents, devenus par leur extension excessive, leurs menées ambitieuses et leur turbulence coupable, non plus seulement une charge pour le pays, mais un foyer de rébellion et un danger imminent pour l'État. Seulement, au lieu de confisquer comme Isabelle Ire leurs biens au profit de la couronne, elle les employa à de grands travaux publics, à des encouragements à l'agriculture, à la création de lignes de chemins de fer, à la réorganisation de la marine, à l'amortissement de la dette.

Vivant dans un temps où les idées religieuses étaient tout, où la papauté formait la clef de voûte de l'édifice social en Europe, élevée dans les principes les plus austères, la catholique Isabelle fut un modèle de piété. Tout en maintenant vigoureusement le clergé, à la façon de saint Louis, dans les limites d'où il veut toujours et d'où il ne devrait jamais sortir, s'il tenait à rester à la hauteur de l'admirable tâche qu'il se propose, elle favorisa la religion de tout son pouvoir. Il faut le dire, la religion aussi favorisa bien son ambition, et il lui fut plus facile de planter sur l'Alhambra, à côté de la croix d'argent, l'oriflamme de Castille, qu'il ne l'eût été de l'arborer tout seul ailleurs. Isabelle II est aussi pieuse, quoique née dans un siècle où le sentiment religieux s'est refroidi. Elle a montré plus de générosité encore envers ses ennemis, ne se contentant pas d'amnistier ceux qui cherchaient à lui enlever la couronne, pardonnant à ceux mêmes qui en voulaient à sa vie, parcourant à diverses reprises les provinces de son royaume, même les plus éloignées, allant porter elle-même des consolations et des secours aux inondés, laissant dans mille occasions éclater une bonté d'âme spontanée, sans arrière-pensée politique. Enfin, fidèle aux vieilles traditions de l'honneur espagnol, elle vient de relever les armes à la main, sans céder aux exigences d'une puissance ombrageuse, une insulte des infidèles à son écusson, et n'a remis le glaive dans le fourreau qu'au milieu même des murs conquis de la cité sainte, et après avoir vu un insolent ennemi lui demander grâce à deux genoux.

En résumé, après un examen comparé des faits, nous n'hésitons pas à donner à Isabelle II le premier rang, et nous sommes convaincus que tous les hommes

sérieux se rangeraient à notre opinion, si la figure légendaire d'Isabelle-la-Catholique ne leur apparaissait
pas dans un certain nuage mystérieux et lointain, entre
celle de Christophe Colomb et celle de Charles-Quint.

CLERMONT-FERRAND, IMPRIMERIE TYPOGRAPHIQUE DE PAUL HUBLER.

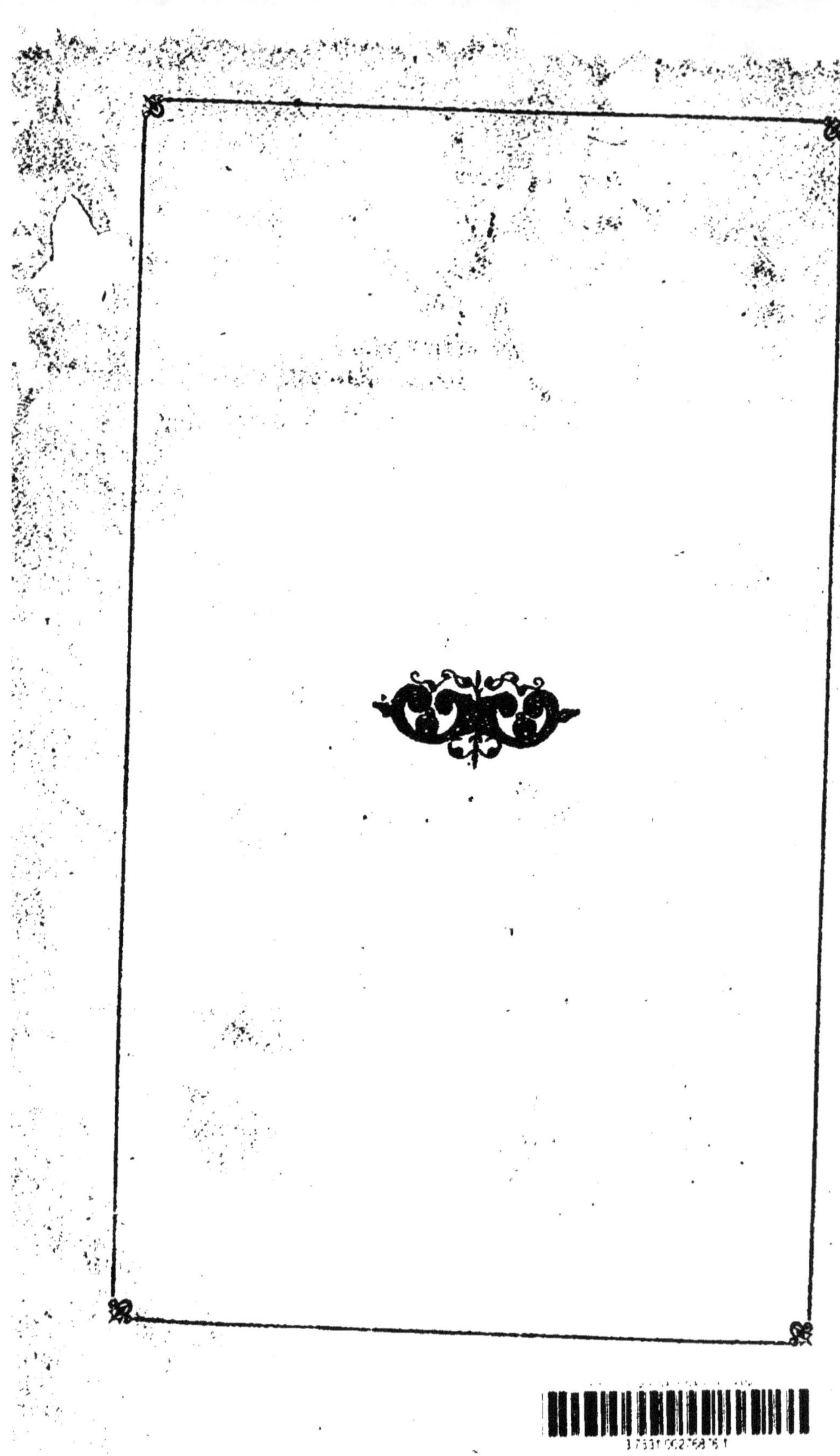

www.ingramcontent.com/pod-product-compliance
Lightning Source LLC
Chambersburg PA
CBHW051553050726

47595CB00002B/761